LA STAGIONE

Le fuggitive

per visitare il nostro sito, inquadra il QR code

Olga Campofreda

RAGAZZE PERBENE

NNE

Questo libro è un romanzo. Alcuni luoghi sono reali, altri verosimili, ma state pure sicuri: ogni riferimento a persone, cose, desideri e situazioni è assolutamente casuale.

La citazione a p. 51 è tratta da R. Barthes, *Frammenti di un discorso amoroso*, tr. di R. Guidieri, Einaudi, Torino 2014.

www.nneditore.it

A mia madre, che proverà a interpretare questo libro come fa coi sogni.
E forse avrà ragione.

I don't know how to live without your love,
I was born to make you happy
Britney Spears, *Born to make you happy*

Alla fine non c'è stato nessun applauso. L'aereo si è specchiato nei vetri rossi di tramonto del centro direzionale e poi è atterrato leggero su Napoli senza il solito battere di mani. Soltanto un timido accenno, ma subito ritratto, appena toccata terra. Qualcuno ha dato la colpa alla bassa stagione: i passeggeri sono tutti stranieri che approfittano dei prezzi contenuti per visitare le isole e camminare in costiera. Li riconosci dai loro abiti estivi anche se ancora non fa caldo, li indossano come un rituale propiziatorio per i giorni che verranno: i calzoncini corti, le vesti di lino senza maniche. Nel sogno che hanno comprato, questo è il solo mondo possibile. Per loro è così che funziona, troveranno il sole anche se non c'è, un potere che appartiene soltanto a chi vede certi posti per la prima volta.

«*Are you from here?*» mi ha chiesto prima la signora minuta che avevo accanto.

Il marito l'aveva svegliata per guardare il Vesuvio e lei estatica ne aveva tenuto traccia col dito puntato contro il vetro. Una bambina dai capelli bianchi.

«*Are you from Naples?*».

Io ho solo annuito e lei ha risposto con un sospiro prima di tornare a guardare fuori.

Quando mi chiedono da dove vengo non lo dico mai veramente. La maggior parte delle volte mi limito a rispondere "vicino Napoli" – oppure "Napoli" e basta – anche se poi mi sento sempre in colpa. È come avere una relazione con qualcuno ma non dichiararlo, perché tutto sommato ce ne vergogniamo. Le rare volte che riesco a nominarla, la mia città mi torna indietro raddoppiata, l'interlocutore cerca precisione sulla cartina – «Caserta, Caserta?» mi domanda, che suona un po' come *New York, New York* – ma dura poco.

Se la guardo dall'alto è tutta piatta: una città che sembra un tappeto che sembra una città. Un plastico di palazzi ai piedi di una rocca medievale dimenticata. La Reggia invece si impone nel mezzo del manto urbano ed è un'enorme striscia verde rettangolare sigillata su un lato dal vero e proprio palazzo.

Quando dico che sono di Caserta aggiungo subito che al Palazzo Reale ci hanno girato dei film importanti e una volta c'è venuto anche Tom Cruise, che faceva finta di scalare le mura del Vaticano. Ci hanno anche ambientato un episodio di *Star Wars*, quello lo ricordo bene, perché mia mamma è andata a fare il casting come comparsa per l'esercito dei cloni. Non l'hanno presa, ma col tempo, nel racconto, la parte del casting è saltata e noi diciamo solo che mamma ha fatto la comparsa. I figuranti, comunque, li avevano moltiplicati al computer e nessuno oggi potrebbe andare a controllare.

Per attraversare la città da un lato all'altro della Reggia c'è il ponte di Ercole, che è il più basso di tutti i ponti mai costruiti. Un giorno sì e uno pure i camion ci si incastrano sotto, ci vanno a sbattere contro, e quei pochi che riescono a uscirne portano via con sé interi blocchi di marmo del Settecento. Le strisciate che si vedono quando ci passi sotto sono segno dell'ostinazione non tanto dei veicoli quanto del ponte stesso, che sembra sempre dover crollare ma poi alla fine non lo fa mai. Soltanto quando il passaggio è bloccato gli abitanti dei palazzi là intorno riescono a sentire cantare gli uccelli. Lo so perché è su quella strada che ho abitato prima di lasciare la città, in quel pezzo di Caserta che non è ancora comune di Casagiove e che però non è neanche il centro. Il limine.

La vecchia signora che mi siede accanto sull'aereo non lo sa, non può saperlo, che a Caserta le cose sono spesso anche qualcos'altro: non tanto ciò che sono in realtà quanto quello che vorrebbero essere. E così pure le persone. I casertani dicono che sono di Napoli, il Palazzo Reale finge di essere il Vaticano, il ponte vorrebbe essere un vero ponte, ma è solo un passaggio scavato sotto un grande giardino. Anche mia madre, maestra elementare, dice a tutti di essere stata un clone e di fatto va bene così, non è che si fa troppo per cambiare, perché l'importante è dire: far sapere.

Lontano dalle feste comandate, rientro nella mia città perché mia cugina si sposa. Come tutte le brave ragazze ha detto di sì al suo fidanzato storico. *Ha sposato il suo primo amore*, diranno le signore al ricevimento, e tutti saranno felici perché è proprio così che si devono fare le cose.

Rossella è quella parte di me che invece di andare è rimasta. Penso a lei come al mio *Sliding Doors* personale, quel film in cui prendere il treno o perderlo è un dettaglio che sdoppia la vita della protagonista in due traiettorie opposte. Immagino la mia vita nella sua, se avessi deciso di restare: eccomi ad aiutare in cucina per i pranzi di famiglia ogni domenica, eccomi accanto alla nonna a capo della lunga tavolata, con la camicia stirata che profuma di pulito e gioielli preziosi ma non troppo, come si addice a una ragazza ancora giovane. Mi vedo organizzare i fiori di un San Valentino qualsiasi in un vaso di cristallo e poggiarli sulla scrivania accanto a una copia in brossura di *Piccole donne* e ai dorsi consumati dei libri di Jane Austen. In questa versione della storia, tra le ultime ricerche effettuate su Google c'è quella di un rimedio per dormire, mentre sotto casa – dentro una mattina assolata – lui mi aspetta con la vespa blu elettrico per portarmi alla stazione il giorno di un esame. Mi dà un bacio che ancora sa di caffè e poi mi aiuta a sfilare il casco sfiorando il mio viso con le dita.

Quante porte ci separano dalla versione di noi stessi che più ci assomiglia? E da quella che diciamo di essere? Sempre più di frequente mi scopro a cabotare i mondi di tutte le decisioni che non ho preso, ne contemplo gli esiti e le direzioni, mi ci perdo dentro come un viandante stanco. Mi chiedo se lo faccia mai anche Rossella: stare in bilico al bivio, cercare qualche secondo di silenzio in più prima di dire ancora sì e procedere come al solito verso la direzione più opportuna, quel compromesso d'amore che mette d'accordo tutti.

Divago. Divago sempre troppo. Lo faccio ogni volta che non voglio essere in un posto e invece mi ci trovo. Mi attacco all'ultimo vagone di un treno di pensieri in corsa e mi lascio trasportare attraverso tutte le stazioni, senza scendere mai. In fila al controllo passaporti vedo la donna che mi stava seduta accanto durante il volo, è più alta di quanto credessi e meno fragile. Evito il suo sguardo perché non capisca che prima le ho mentito.

Dopo il nostro breve scambio sull'aereo ho ficcato la testa nel giornale della compagnia di linea sperando che non chiedesse altro e così sono finita a leggere un articolo sugli animali selvatici dell'Appennino. Il pezzo includeva la foto di una vecchia pelle di serpente visibile a stento – come un fantasma – tra le crepe di una roccia. Se ne stava lì nell'arsura come un vestito dismesso sullo schienale di una poltrona. Quando i serpenti mutano, a quanto pare, se la lasciano dietro così. Escono dalla propria tana e fanno attrito sul terreno fino a quando non riescono a liberarsene.

Una certa empatia mi lega a questi animali nei miei viaggi verso casa: anche io troverò una vecchia pelle ad attendermi intatta ogni volta che torno. Quest'ultima cosa l'ho pensata ma non l'ho detta alla mia vicina di posto, benché non sia stato proprio come mentirle – mi ripeto –, è stato solo omettere.

Anche il mio passaporto omette alcune cose, per esempio che mi chiamo Clara ma che a dispetto del mio nome da queste parti torno a essere una bambina dedita all'ombra, quella che non brilla per bellezza ed eccellenza, ma si nasconde perché nessuno si accorga di lei. Il mio nome parla di aspettative disattese e di occasioni perse. Quando sono nata avevo pochissimi capelli e un paio di grandi occhi verdi: questo il passaporto non lo dice. Mia nonna aveva assicurato che sarei venuta fuori bionda e luminosa, mentre dopo un mese la testa si era scurita e gli occhi erano diventati neri e impenetrabili. Nella casa in cui sono cresciuta le prime impressioni ti restano addosso come una pelle che non puoi cambiare, ma sei costretta a indossare ancora e ancora anche quando ormai sei troppo grande per starci dentro. Tra qualche attimo tornerò a essere la bambina impacciata, la bugiarda, la ribelle senza causa. Prendo un respiro profondo per prepararmi ad affrontare questa metamorfosi inversa, un incantesimo antico che ancora non ho imparato a spezzare.

Mentre aspetto al recupero bagagli la mia valigia (volutamente piccola, per una permanenza breve) mi prefiguro il viso di mio padre che attende agli arrivi – più invecchiato? Più smagrito, rispetto all'ultima volta? – poi tiro fuori dalla tasca il cellulare e dalla galleria delle immagini risalgo a quella dell'invito che mi ha inoltrato mia madre per messaggio. È un biglietto ricercato: i nomi sono scritti a mano su una carta spessa, artigianale, scelta appositamente per dichiararsi quale vezzo costoso. La busta è stata consegnata agli amici di famiglia, ai colleghi, agli ex compagni di scuola. È in bella vista sulle scrivanie dei medici e negli studi dei giovani avvocati del centro. L'appuntamento è previsto per una mattina di fine maggio, nei dintorni della chiesa non si troverà parcheggio e questo sarà segno di benevolenza e successo.

Rossella Di Michele e Luca Migliori: l'accostamento di questi due nomi lo trovo ironico. Dal cognome paterno mia cugina ha ereditato l'appartenenza a un uomo, da quello del marito invece acquisirà l'eccellenza e con essa pure quell'autorevolezza che dalle nostre parti ancora si attribuisce alle donne sposate in certi ambiti precisi: la cucina, il risparmio, la qualità dei prodotti. Dal padre al marito, anche per lei sta per avvenire il passaggio. Come è giusto che sia.

Quasi tutte le nostre ex compagne di classe – ragazze perbene – raggiunti i trent'anni contano almeno un bambino. Tutte hanno un marito o un compagno, e chi di loro lavora ha un'attività facilmente identificabile: sono maestre o avvocate, qualcuna fa il medico part-time in uno studio privato, altre sono mamme a tempo pieno, ma solo fino a quando i figli saranno grandi abbastanza, e questo ci tengono a precisarlo subito.

Anche io, come loro, ho trent'anni, ma faccio parte di altri numeri. Mi aggiungo alla lista di quelli che si definiscono *expat*: vengo da una buona famiglia, una famiglia che mi ha fatto studiare, e allora come dice mia madre pare brutto chiamarsi *emigrati*, anche se poi non si smette mai di pensarsi come tali. Attualmente non ho neanche una casa vera e propria, ma questo non lo sanno gli altri, i parenti.

L'appartamento in cui vivo la maggior parte del tempo appartiene a Tomás, ma neppure di lui hanno mai sentito parlare. Ci siamo conosciuti su una app per incontri, che è già un'ottima ragione per non menzionarlo. Mi domanderebbero cosa mai ci facessi su quel sito, inorridirebbero a immaginare le mie foto – foto sexy? Era lì per cercare del sesso? Hanno scopato la prima sera che si sono visti? –, mi direbbero che non è questo il modo per trovare una relazione seria. Ma che cos'è poi una relazione seria? A guardare le loro verrebbe da prenderli alla lettera, immaginare che essere adulti insieme coincida con la perdita del sorriso.

La casa di Tomás è in un complesso di edifici popolari a est di Londra, nella zona di Mile End. La mia camera, dal lato opposto di Victoria Park, contiene a stento un armadio e un letto singolo. La visito solo per riempire la borsa con vestiti puliti, depositare quelli sporchi in lavatrice e scambiare due parole con Anya, la ragazza polacca che vive chiusa dietro una porta a soffietto insieme a tre gatti. Non ho mai capito che lavoro faccia. Tomás è convinto che abbia un account OnlyFans dove si mostra in lingerie mentre gioca con gli animali sul letto. Non lascia mai casa, indossa solo vestaglie, ma l'affitto lo paga sempre con puntualità e senza fare storie.

Tomás condivide l'appartamento con altre tre persone di cui conosco solo le silhouette scure nel corridoio, quando raramente li incrocio nella notte per andare in bagno. Non ci sono spazi comuni, ma solo una cucina vecchia e incrostata senza altre caratteristiche se non quelle della funzionalità. Quella cucina è come il nostro rapporto: funzionale a tenersi a galla in una città sottovuoto. La sua camera – la nostra camera – ha le pareti nude, di un verde cupo che ricorda quello di certe foreste in cui non sono mai stata. C'è una scrivania scomparsa sotto il peso delle sue carte e i libri di acustica, tra i quali non riesco a farmi spazio. Sopra il cassettone c'è appeso solo un quadro che è un'immagine del Rio Negro, in Argentina, dove da bambino passava le estati con la famiglia. Oltre a questa cornice, inspessita dagli strati di polvere, nessun altro oggetto parla di lui, come fosse sempre sul punto di andare altrove, benché poi non lo faccia mai davvero. La transitorietà è un altro dei nostri attributi. Andrà bene finché andrà bene, ci eravamo detti all'inizio, poi nessuno ha aggiunto altro, e allora ecco.

Ho lasciato Tomás che riposava dal suo lato del letto quando dopo pranzo sono sfilata via per andare in aeroporto. Questo viaggio è qualcosa che tutto sommato lo rassicura: il mio essere qui senza di lui, non presentarlo alla famiglia, non parlare di lui quando mi chiederanno se c'è un uomo nella mia vita. Questi elementi dicono che siamo ancora liberi, che non ci apparteniamo e non siamo esclusivi.

Mio padre lo vedo oltre le porte scorrevoli dell'aeroporto mentre si osserva intorno sperando di incrociare per caso qualche conoscente. È più magro ma non sciupato, ha un abito formale e la cravatta color salmone che indossa sempre da quando è il nuovo candidato sindaco per il centrodestra. Mamma me lo aveva anticipato, nell'ultimo periodo si è trasformato nel suo stesso manifesto elettorale e anche adesso non saprei trovare parole migliori per descriverlo. Quando mi sono avvicinata a lui con il bagaglio mi ha squadrata dalla testa ai piedi. Senza scomporsi mi ha baciato una guancia, mi ha preso la valigia dalla mano e mi ha fatto notare la calza smagliata all'altezza della caviglia, una riga che fuoriusciva dagli anfibi. «Appena arrivi a casa cambiati, non farti vedere così in giro».

Camminiamo verso la macchina in silenzio. Non ho niente di sincero da dire che non sia per cominciare un litigio.

Detesto il modo in cui non mette mai a riposo i muscoli della faccia, il sorriso come un adesivo perpetuo che spunta sotto un folto paio di baffi ben curati e troppo neri per essere naturali. Mentre stiamo per entrare in auto qualcuno lo riconosce e lo saluta da lontano chiamandolo per nome, allora lui con un braccio ricambia e con l'altro mi stringe a sé così forte che sento male alla spalla. Del resto, come dice nel video che ha fatto circolare in rete, la famiglia pone le fondamenta della buona cittadinanza e questo gesto dovrebbe essere sufficiente a provare la sua buona fede agli elettori. Non conta il fatto che con i suoi fratelli ci si senta a stento, che per questioni di eredità, quando io ero ancora una bambina, abbia tagliato i ponti con tutti dopo la morte dei nonni.

Sulla strada di casa lo ascolto parlare delle elezioni imminenti senza fare domande, penso al prossimo argomento, ai prossimi argomenti dei prossimi dieci giorni – perché mia cugina si sposa, mi ripeto – mentre maledico la decisione di essere rientrata. Per qualche motivo mentre mio padre parla mi chiedo se abbia anche lui un profilo attivo su una app per incontri. Descrizione: avvocato (kinky), cerco mistress. Raggio d'azione: 40 km, la distanza da Caserta a Napoli. Interessato a: donne (25-35). Canzone inno: *I giardini di marzo* – Lucio Battisti.

«Hai sentito Rossella?» mi domanda, probabilmente per richiamare la mia attenzione, come se il tempo non fosse mai passato e tra me e lei ci fosse ancora quella confidenza di sempre.

«No» rispondo secca «non la sento dagli auguri di Natale». Con gesto automatico sblocco lo schermo del cellulare e mi ritrovo sulla foto dell'invito senza neanche pensarci. Guardo quei due nomi insieme a una notte di distanza dall'addio al nubilato, un evento a cui ancora mi stupisco di essere stata invitata.

Il rituale dei miei ritorni ha inizio appena metto piede fuori dall'ascensore sul pianerottolo del terzo piano. La vicina di casa sente il rumore delle chiavi tirate fuori dalla tasca e l'eco delle voci nella rampa delle scale di marmo, allora esce a dare acqua al grosso benjamin che tiene davanti alla porta. Lo fa ogni sera, nonostante da tempo sappiamo tutti che si tratta solo di una pianta di plastica adagiata su un mucchio di terra. Da una manciata d'anni, da quando cioè l'architetto che ci abitava prima è andato via. All'inizio quella pianta finta è stata il suo modo per conoscerci tutti, poi l'abitudine è rimasta.

«Bentornata» mi dice. «Ti mancava l'aria di casa?» mi domanda. Lo fa con un tono che non esige risposta diversa da quella che si aspetta, da quella che deve essere.

In realtà, se ci penso, a me Caserta non manca mai. A mancarmi spesso è quel senso di attesa, quella consapevolezza che anche se te ne vai la città ti aspetta e quando torni ti accoglie sempre uguale, congelata, se non te la prendi troppo per certi ristoranti che compaiono e scompaiono all'improvviso. Sono tantissimi, soprattutto quelli di via Bosco, venuti su nel corso di pochi mesi si riempiono a seconda delle mode per poi svuotarsi d'un tratto e ritornare con un nome nuovo. Gli adolescenti vestiti bene ci portano le prime fidanzate coi soldi messi da parte giocando a poker. Le ragazze fotografano il cibo e postano le foto su Instagram col filtro *pure baby face* e l'hashtag *#unannodinoi*. In alcune zone la densità dei motorini si fa più alta e allora sai che là, da qualche parte oltre la folla, si nasconde un bar. Ogni tanto ci arrivano quelli dai paesi a picchiare i ragazzini ricchi, a sfregio, e la folla si gonfia al centro prima di diradarsi ai lati. Quando succede, i maschi accompagnano a casa le ragazze sui loro scooter cinquanta fin sotto il portone, poi tornano indietro a vedere che succede.

Nascere femmina di buona famiglia a Caserta, sul finire degli anni Ottanta, è una storia che ha preso la stessa direzione per molte: una linea dritta che parte dal fondo di via Mazzini – con la scuola elementare privata delle suore di sant'Agostino – e procede lungo corso Giannone, con la scuola media, il liceo classico e la chiesa di Sant'Antonio, dove ci si incontra tutte le domeniche con le rispettive famiglie prima di andare a pranzo dai nonni.

Le ragazze perbene della città di provincia hanno i capelli in ordine e la camicia stirata; all'interno dei loro armadi c'è un poster di Leonardo DiCaprio o di Nick Carter; nei loro diari scolastici ci sono frasi di canzoni scritte a penne colorate e una foto rubata di quel ragazzo conosciuto in estate a Gaeta. Nei pomeriggi nel mezzo della settimana, mentre se ne stanno chine sui quaderni di latino e matematica, le loro madri si incontrano nei salotti e prendono il caffè nel servizio buono di porcellana. Si riuniscono per prendere parte alla cerimonia del corredo, un rituale a cui partecipano per vedere ed essere viste. Il rappresentante se ne sta tra loro a elogiare la purezza dei tessuti, dipinge scintillanti scenari futuri per le loro figlie, che saranno donne da lì a vent'anni. La bella figura di entrare nella casa del marito col loro corredo prezioso, retaggio nascosto dell'antica dote. Pura seta, cotone egiziano nei toni del rosa. Le giovani madri spendono davanti alle loro amiche, si litigano i pezzi più pregiati, firmano assegni fingendo giramenti di testa, *mio marito mi prenderà per matta*, avendo già calcolato quanto la dote inizi in quel preciso istante, dalla reputazione del loro cognome.

La vita delle ragazze perbene nella città di provincia è una via crucis fatta a stazioni di appuntamenti sociali dove ogni allontanamento è un piccolo scandalo. La voce di quello che è stato e non doveva essere si propaga tra i palazzi del centro, penetra sotto i vetri dei balconi, arriva nei soggiorni durante la controra e lascia un brivido erotico lungo la schiena a chi dice *che vergogna, questo certo non siamo noi, noi siamo migliori*.

Clinàmen. In latino significa deviazione. Lo aveva detto il professore nell'ora di latino spiegando Lucrezio. Gli atomi cadono in linea retta e poi, così, di punto in bianco, escono fuori dalla rotta, si scontrano, si mescolano tra loro ed ecco tutto. Ecco i banchi, la classe, gli adolescenti annoiati, il registro, la campanella che segna la fine dell'ora. Sulla linea retta che era la mia vita avevo sognato ogni giorno l'arrivo di un *clinàmen* che mi mescolasse ad altro, che mi rendesse qualcosa di completamente diverso da quello che per me era stato predisposto.

Negli anni la città mi è entrata dentro. Ha depositato le sue scorie sulle pareti delle mie arterie e di certi miei pensieri a cui sempre, con violenza, mi ribello. Saltano fuori quando sono meno vigile, alle volte, sul far della sera. La mappa del centro e delle periferie – la distribuzione dei palazzi – ha forgiato i caratteri delle generazioni, ne ha determinato la disposizione a sognare o a non farlo, a guardare avanti immaginando il futuro, o a procedere a passo moderato, lo sguardo ben fisso sulla punta delle scarpe. Da queste parti siamo nati tutti all'ombra della Reggia. Le case sono basse, ancora rispettose di quel decreto che secoli prima scoraggiava i sudditi a costruire palazzi più alti della dimora del re.

Questa disposizione all'obbedienza appartiene a una città che giace adagiata sugli sfarzi di un regno che fu, la cui eredità è così pesante che non si riesce a procedere oltre.

A sera, scendendo col motorino dalla città vecchia, puoi vedere le colline intorno che diventano rosa ed è uno spettacolo bello, anche se poi lo sai che quello è il bianco delle cave aperte, pietra viva che arriva in centro sottoforma di polvere e si appoggia sui vetri delle macchine parcheggiate per le strade in doppia fila. La polvere si appoggia sugli amanti nascosti che scendono a valle separati, sui ragazzini che escono dalla palestra e raggiungono i compagni rifugiati sotto i portici a fumarsi le canne, sulle madri che sollevano le buste del supermercato, sulle vecchie che vendono a credito i calendari di Padre Pio all'uscita della messa serale. La polvere delle cave scende insieme alla notte, si poggia sulla testa dei passanti e pesa come piombo, gli inclina il capo dicendo loro di guardare sempre a terra e mai troppo lontano.

Torno di rado, sempre a Natale, quasi mai a Pasqua, mai del tutto in estate. Ricerco i momenti in cui la città si riempie di gente, quando tutti rientrano dai loro posti nel mondo e si è troppo impegnati a salutare tutti per salutarsi davvero e raccontarsi oltre i versi formulari delle occasioni. A vent'anni ho preso un aereo per Londra, ho messo in valigia pochi vestiti buoni e un paio di scarpe di gomma, per far stare tranquilla mia mamma. Lei comunque aveva già provveduto a nascondermi tra la biancheria l'immaginetta santa della Madonna dei Nodi. La Vergine è ritratta nell'atto di sciogliere un nodo al centro di un lungo nastro bianco, con due angeli attorno che ne tengono le estremità. Madonna protettrice degli sposi, vergine santa pacificatrice, ma soprattutto paladina dell'obbedienza. Madonna mamma che mi attacca al cordone, che mi tiene al guinzaglio a distanza, o che almeno ci prova. Nonostante tutto, a dispetto di tutti quei lacci, sono già passati dieci anni. Ogni anno mi viene chiesto se ho finito, se sono soddisfatta. Il tono è sempre quello di chi si aspetta a un certo punto che il gioco si consumi.

«Mia figlia fa ripetizioni di italiano» dice mia mamma alla salumiera che ogni tanto chiede, e poi all'estetista, alla signora della profumeria.

«Ah, brava, e pure lo troverà un buon lavoro» dicono le donne.

«Grazie assai signora, intanto lo cerchiamo» risponde mia mamma.

Lo cerchiamo, dice proprio così, con una complicità che tuttavia non mi coinvolge, alludendo al fatto che il mio lavoro a lei non piace, perché non sa farlo sembrare rilevante quando ne parla alla gente. Una volta mi ha chiamato per dirmi che si era liberato un posto come direttore della Reggia.

«Dovresti provare».

«Continuiamo a cercare, mamma. Davvero».

A Londra ho riempito tutti i buchi del mio tempo lavorando, pur di restarci senza chiedere il permesso a nessuno: sono stata cameriera, ragazza alla pari, commessa, cat-sitter. In dieci anni ho scalato le posizioni dei giovani emigrati e sono diventata un'insegnante di italiano per stranieri. I miei studenti sono cantanti lirici, modelle, produttori, attivisti, scrittori, avvocati. Vivono a Chelsea, a Notting Hill, a Kensington. Alla reception di ciascun edificio i concierge mi salutano con un cenno della mano, che significa consuetudine ma anche complicità. Le mie scarpe fanno eco e mi danno un tono. Tengo la schiena dritta e la rilasso solo una volta in ascensore, il tempo di arrivare su. Allo specchio le luci al neon mostrano una donna ragazzina che ha sempre saputo di non essere bella, che ha scelto anzi quasi per dispetto di assecondare la propria natura: di questo parlano i capelli corti e scomposti, che taglio ancora da sola in un caschetto malconcio, come quando avevo sedici anni; di questo parla la carnagione pallida che non cerco più di ravvivare con il trucco. La mia professionalità è il prodotto di un accumulo di sorrisi, di fogli sparsi e del rumore dei miei tacchi. Entro in case di stucchi e di ottoni dove – con l'aiuto delle parole di una lingua che non hanno mai pronunciato prima – i miei studenti mi introducono ai loro segreti più intimi. La mattina, soprattutto, incontro tante donne sole, bellissime. Sono le regine di quelle case vuote nelle quali mi trasformo in dama di compagnia. I loro uomini hanno lavori importanti e vanno via spesso, partono per riunioni d'affari, giocano a golf, tornano tardi per la cena. Queste donne imparano la lingua dei loro mariti con l'illusione che sia solo quella lacuna a dividerle da una completa comprensione del proprio compagno. Eppure, come dare loro torto? La lingua, la mia lingua, è uno strumento divinatorio, un sacramento. Imparando a parlare di sé queste donne si confessano attraverso parole vergini che pronunciano per la prima volta. Obbligate dalla grammatica a dire finalmente cosa gli piace e cosa detestano, cosa piace *a me* e *invece* cosa piace *a lui*, queste donne prendono colori decisi, i loro profili si delineano rispetto a quei volti sbiaditi che avevo visto incorniciati all'ingresso.

E poi come si dice *my*? *Mio* marito, *mia* suocera, *mio* figlio. La fretta di arrivare al possessivo quando si parla della famiglia. La famiglia che possiedi e che ti possiede, che ti trasforma in un nome senza articolo determinativo, pilastro grammaticale della libertà. Si dice *il mio ragazzo* ma *mio marito*. Questa storia è sempre strana da spiegare. Le studentesse ridono, lo trovano divertente: gli italiani sono persone con un senso della famiglia talmente forte che non basta stare insieme per farne parte davvero. Ci vuole il matrimonio. E allora penso a quel *legate*, che non è come l'inglese *close*, vicino: la famiglia nella mia lingua mette i lacci e a volte stringe così tanto che ti restano addosso i segni. Li nascondi sotto strati di vestiti nel luogo gelato dove sei scappato per sentirti libero.

«Sei fortunata» mi ha detto un giorno Cristiane, mentre alla fine della lezione eravamo rimaste a intrattenerci nel suo giardino da ricchi limitato da altri giardini da ricchi all'ombra dei palazzi di Chelsea. «Sei straniera. Qui puoi aspirare a qualsiasi posizione sociale, devi solo scegliere bene il tuo uomo». Anche Cristiane, ne sono sicura, ha il suo profilo Tinder a colmare un buco nero di solitudine. Raggio d'azione: 500 km, per intercettare qualcuno che orbiti nei pressi dei paradisi fiscali della Manica, magari un broker francese. Descrizione: principessa annoiata, ex modella, hot mum. Interessata a: uomini (45-55). Canzone inno: *Moi... Lolita* – Alizée.

Da qualche anno le pubblicità di siti d'incontri nelle gallerie sotterranee e nei vagoni della metro si sono moltiplicate. Ne esistono di tutti i tipi, ciascuna così specifica che sembra parlare proprio a te, tu che sei arrivato alla capitale dalla campagna, tu che in campagna vuoi tornare e cerchi il partner ideale per sporcare di passeggiate quegli stivali di gomma nuovi che avevi preso per la tua ex prima che ti mollasse. Per tutto questo puoi creare un profilo sull'app per gli amanti della campagna. Poi c'è l'app per cristiani, dedicata a quelli che si sono stancati di inventare scuse per non arrivare in hangover alla messa della domenica mattina. App per vegetariani, app per vegani, app per imprenditori che non vogliono perdere tempo, perché per loro ogni appuntamento è anche un piccolo investimento. C'è anche un'app per over settanta. Mi trovo a fissarne il logo ogni volta che mi capita davanti: è una candela bianca parzialmente consumata con un'aura di luce attorno alla fiammella. Sullo sfondo, persone dai capelli bianchi e abiti classici, uomini con bastone che sembrano appena tornati dalla caccia alla volpe, donne con golfini morbidi, gonne ampie e un romanzo sulle gambe. In una di queste pubblicità i due protagonisti siedono su una panchina e insieme guardano una fotografia. Forse si tratta di una persona che hanno perso, il partner con cui uno dei due condivideva la vita prima e ora non più, ora si deve andare avanti. Tra tutte, questa è la pubblicità più sincera: sbatte in faccia ai lavoratori, agli studenti e ai turisti di passaggio quanto nella grande città, oltre le luci abbaglianti delle vetrine che ci promettono tutto, la sola cosa che desideriamo sia smettere di sentirci così soli.

Un giorno di fine agosto pioveva a dirotto, la mia lezione con Cristiane era stata annullata all'ultimo minuto, e io mi sono rifugiata in un caffè ad aspettare che spiovesse. All'improvviso mi è venuto in mente un articolo che avevo letto su un giornale abbandonato in metropolitana, in cui un esperto spiegava come creare il profilo Tinder perfetto. Bisognava descriversi con esempi concreti, diceva, perché alla gente piacciono gli aneddoti. Invece di dire che ami l'avventura, racconta cosa hai fatto. Invece di dire che sei un creativo, racconta di come una volta hai rotto tutti gli schemi. Faceva l'esempio di un suo conoscente: *una volta ho scalato una collina in Scozia, solamente perché non c'era nessuno a fermarmi*. Audace. Irriverente. Sportivo. Quel suo amico era sempre pieno di appuntamenti. Sembrava una lezione di marketing, ma tutto sommato si trattava di raccontare delle storie, e alla fine mi aveva convinto.

Ho scaricato l'app e ho passato in rassegna le foto che avevo sul telefono cercandone una per il profilo: in quella giusta c'ero io che guardavo attraverso uno spioncino immaginario fatto da pollice e indice. A una delle due dita portavo un cerotto di Hello Kitty per coprire il taglio che mi ero fatta quella stessa mattina sbucciando una mela. Come raggio d'azione per il motore di ricerca ho selezionato due chilometri. Non mi andava di essere vista da nessuno dei miei studenti. Sapevo che li avrei trovati, anche quelli sposati. Alla fine ci sono tutti in questa società segreta che ognuno conosce ma alla quale ancora si nega di appartenere: la paura è quella di essere giudicati perversi oppure – ancora peggio – disperati.

Entro in casa che già non è più giorno ma non è ancora buio. Come ogni primavera il sole è scomparso tardi dietro il campanile della parrocchia e gli alberi del bosco reale hanno proiettato sui palazzi le loro ombre lunghe in un tentativo di fuga. Dalla cucina vedo mia madre che aspetta sul balcone con un bicchiere di prosecco in mano e una scatola di latta sulle gambe nude. Il ponte di Ercole è bloccato di nuovo ed è piacevole aspettare la notte che scende. Senza neanche lasciarmi posare la borsa viene ad abbracciarmi, anche lei mi stringe forte come ha fatto mio padre, ma la sua presa è morbida e calda. Mi tiene così a lungo, mai rassegnata all'idea del distacco, poi mi invita a sederle accanto. La sua espressione è quella di qualcuno che attende, le sopracciglia spinte in alto verso la fronte e il mento sospeso a mezz'aria. Aspetta sempre che io dica qualcosa che però non arriva mai, perché non parlo mai di me, mi proteggo dal telefono senza fili delle parche, che parte da lei per arrivare a una delle sue sorelle e da loro alla signora della profumeria, all'estetista, alla parrucchiera.

«Cosa tieni lì dentro?» le chiedo indicando la scatola.

«Guardaci. È una sorpresa. Ci ho impiegato l'intero pomeriggio a metterle insieme».

Appena rimuovo il coperchio, il contenitore diventa una macchina del tempo con i colori delle vecchie Kodak. Sono tutte foto che mi ritraggono insieme a Rossella: mia madre le ha selezionate e confezionate per me perché raccontino un'idea di famiglia che non ci appartiene, ma in cui lei continua a credere con ostinazione. Tengo tra le mani il riassunto di troppe puntate precedenti montato da una sapiente regista. Queste immagini sono il dossier che devo studiare per entrare di nuovo nella parte che mi spetta. Tra tutti i pezzi di carta lucida di varie forme e misure, riconosco lo scatto alternativo del ritratto "buono" che teniamo in salotto. È una foto ufficiale con lo sfondo e tutto, io e Rossella indossiamo lo stesso vestito, lei in rosa, io in giallo.

Era la prima volta che ci portavano dal fotografo. Per una strana perversione le nostre madri ci vestivano uguali, ci compravano gli stessi giocattoli, forzando le visibili differenze. In circostanze molto diverse entrambe si erano trovate con due figlie uniche pur avendo desiderato almeno un altro bambino. Prima di avere me, mia madre aveva avuto una serie di aborti spontanei a causa dei quali aveva passato lunghi periodi di depressione. Ogni volta era stato sempre più difficile uscirne, così dopo la mia nascita non ci aveva più provato. Zia Imma invece aveva avuto Rossella in un breve periodo di riavvicinamento con suo marito, ma la cosa non aveva retto già dai primi mesi di gestazione. Zio Genni si era sistemato un letto singolo nello studio, dalla parte opposta della casa rispetto a sua moglie. Non dormivano più insieme da anni, anche se nel quotidiano continuavano a interpretare una confortante commedia dei ruoli. Per le nostre madri farci crescere come sorelle è stata una forma di compensazione e un gioco insieme, come quelli che si fanno da piccole con le bambole, con dettagli minuziosi di vite alternative da interpretare sul momento.

Nel ritratto Rossella è piena di boccoli d'oro, mentre io sono scura e pallida, con un bel paio di occhiaie. Abbiamo circa sette anni e non sappiamo sorridere, non possiamo sorridere bene. Abbiamo perso qualche dente da latte e quelli nuovi non ci sono ancora cresciuti. Sforziamo le labbra al massimo. Io ho appena smesso di piangere: si vede dagli occhi lucidi e arrossati, dalle pieghe malconce del vestito che devo aver provato a sfilare via. Rossella invece è una bambola di porcellana, con gli occhi blu e la pelle rosa ma non arrossata, paffuta ma non grassa.

Scavo sul fondo della scatola di fotografie, cerco a ritroso nel passato il punto esatto in cui le nostre strade si sono divise. Interrogo le bambine di allora per capire le donne che siamo diventate. Dal mucchio di immagini conservate alla rinfusa esce anche quella del viaggio studio in Inghilterra. Abbiamo quattordici anni, è il giorno della gita a Stratford-upon-Avon, io e Rossella sotto la statua di Shakespeare ne copiamo la posa, come avevamo visto fare ai nostri genitori nelle foto di quando erano giovani negli anni Settanta.

«È lì che si sono conosciuti, in quel viaggio. Ti ricordi?» dice mia madre, riportando il discorso sul matrimonio che avrà luogo tra una settimana esatta. «Quel Luca, che ragazzo perbene. Saranno una coppia felice».

Lo dice così, senza fare cenno alla storia della sparizione di Rossella, quei tre giorni di vuoto proprio all'inizio del corso prematrimoniale. È successo a marzo, solo pochi mesi fa.

Mia madre mi aveva chiamato una sera per dirmelo, mentre a passo velocissimo stavo attraversando Lower Belgrave Street diretta verso la fermata di Victoria Station. Mi aveva chiesto di sedermi e io mi ero appoggiata al cancello nero di una casa bianca a schiera.

«Rossella non si trova» aveva ripetuto con voce ferma. «Non hai nessuna idea di dove possa essere?».

Mi vedo ancora lì mentre ascolto il suo silenzio dall'altro capo del telefono. Davanti a me le domestiche dai tratti asiatici uscivano dagli ingressi smaltati portando fuori i cani per la passeggiata della sera. Carlini, dalmata, levrieri.

I cappottini sobri e ben stirati delle donne, quelli colorati e vistosi degli animali.

Le avevo detto di non saperne niente. Intanto lo sfondo di carta di quella città straniera si andava squarciando. Oltre le case bianche una tela si era sfondata e da quel buco potevo spiare la mia famiglia in un'immagine cupa, prepotente. La mia famiglia con una nuova croce.

Rossella era andata via il venerdì mattina e da allora non era più tornata. Nessuno sapeva dove fosse, neanche Luca, che anzi era stato il primo a chiamare a casa per avere notizie. Il secondo giorno avevano pensato di rivolgersi alla polizia. Era tutto talmente surreale, così inadatto all'idea di Rossella, al concetto stesso di Rossella come persona, che solo qualcosa di terribile poteva essersi intromesso a scardinare i piani. Era così felice, aveva detto mia zia all'uomo del centralino. Sua figlia stava progettando il matrimonio con il fidanzato, insieme avevano appena cominciato a frequentare la parrocchia. Era così felice, ripeteva mia zia, così felice.

«Stai attenta anche tu lì» aveva aggiunto mia madre, poco prima di salutarmi.

Rossella era rientrata allo scadere del terzo giorno, la domenica sera. Aveva passato il fine settimana a Napoli da un'amica per preparare l'esame di Filosofia del diritto e aveva spento il telefono per lavorare meglio. Le era sembrato il modo più veloce per liberarsi delle chiamate insistenti della ditta del catering.

Era convinta di averci avvisato, aveva scritto zia Imma in un messaggio inoltrato al resto della famiglia. Ci aveva aggiunto quattro emoji: una arrabbiata col volto rosso e il fumo che usciva dalle narici, due che se la ridono con le lacrime agli occhi, una con le mani giunte in segno di scuse per aver allarmato tutti. L'episodio era stato archiviato in questo modo. Prima o poi, non parlandone, la gente avrebbe iniziato a dimenticare. Se nessuno avesse moltiplicato la narrazione di quella sposa sfuggente, il dubbio che quei giorni fossero esistiti davvero avrebbe iniziato a insinuarsi tra le persone. Più avanti, col beneficio dell'oblio, quella faccenda non avrebbe mai avuto luogo e così infatti è accaduto, molto più velocemente di quanto mia zia si fosse augurata.

In un microcosmo come il nostro, in cui tutto quello che si fa esiste principalmente perché se ne parli, il racconto è una goccia d'acqua che lenta si posa sulla roccia e a poco a poco la calcifica, ricoprendo la superficie originale. La storia viene modellata per il pubblico, epurata, edulcorata, resa avvincente con dettagli che magari non sono mai accaduti, ma che a furia di essere riportati diventano reali. È l'effetto *Twister* a uso e beneficio della famiglia borghese.

La prima volta che ho sentito del documentario sul tornado al drive-in ho pensato alla perversa mescolanza di memoria e invenzione da cui nascono le storie di provincia. Nel 1996 una tempesta si era abbattuta su un drive-in nella regione dell'Ontario. Col passare degli anni molti spettatori ricordavano di aver visto un tornado investire il grande schermo proprio durante la proiezione del film *Twister*, in cui compariva la stessa scena. La storia – così perfetta nella sincronicità degli eventi tanto quanto nella loro simmetria – si è imposta come vulgata ufficiale, benché anni dopo una squadra di documentaristi ne abbia provato l'inconsistenza: intervistando i gestori del drive-in del paese, hanno scoperto che la sera del tornado il film non era mai stato proiettato e a causa del brutto tempo previsto gli spettatori erano stati rimborsati del biglietto e mandati a casa. Come per il tornado, nella nostra città di provincia ci si porta avanti, ci si racconta quello che si desidera ricordare in futuro nel modo in cui lo si vuole ricordare, perché tutto sembri eccezionale e perfetto.

Nell'immagine del gruppo Whatsapp *Rossy si sposa* a cui sono stata aggiunta per l'addio al nubilato, mia cugina ha i capelli biondi che le cadono in una treccia sul lato della spalla come certe Veneri dei dipinti. Dietro il rosa naturale delle labbra schiuse si intravedono piccoli dentini che sembrano ancora quelli da latte, un'innocenza che si è ostinata a ricrescere e che in certe espressioni la trasforma in una bambina che gioca a fare la donna con gli abiti della madre. Lui, il suo fidanzato, è identico agli anni del liceo: magro e dinoccolato come un insetto, con la stessa camicia azzurra che portava alle interrogazioni importanti. Anche a lui la città è entrata sottopelle, manifestandosi come culto estremo della decenza. Quando il suo nome capita nei discorsi, stento a credere che si tratti dello stesso ragazzo insieme al quale a diciassette anni ho sacrificato il sonno in lunghe conversazioni online. Una volta, ne sono sicura, siamo anche stati molto vicini a trovare il senso della vita, eppure nessuno dei due oggi se lo ricorda più, al punto da indurmi a pensare che non fossimo davvero noi quegli adolescenti un po' stanchi e un po' esaltati, ma solo due persone di cui ho sentito parlare molto a lungo.

«Sei stanca e domani la giornata ti comincia presto» ha detto mia madre dopo aver riposto la scatola delle fotografie. «Andiamo a tavola». Insieme abbiamo mangiato velocemente la cena che aveva preparato e poi io sono andata a letto, la voce di mio padre al telefono in costante sottofondo, attraverso il corridoio.

Nella mia vecchia cameretta rappresento oggi un corpo estraneo, ospite nella camera degli ospiti. La valigia se ne sta aperta sul pavimento ancora in attesa di essere disfatta.

Il vestito che indosserò per il matrimonio, da qui a una settimana, è già stato appeso con cura all'anta dell'armadio, ricoperto da una protezione di plastica. Il vecchio parato a righe rosa e bianche, ormai consumato dal sole, è stato nascosto sotto un tessuto di seta grigio perla. Il letto singolo è stato sostituito da uno matrimoniale che affonda sotto un cumulo di cuscini bianchi, così che a prima vista sembra di entrare in una camera d'albergo. Quella che un tempo consideravo la mia tana, adesso è un ambiente asettico e impersonale, se non per un piccolo dettaglio: sulla scrivania di noce c'è una cornice in oro bianco che ritrae me e la mamma con le dita incrociate davanti alla Reggia il giorno del casting di *Star Wars – La minaccia fantasma*.

Vado a letto con il cellulare accanto mentre spero in un messaggio di Tomás. In compenso sullo schermo l'icona di Tinder mi ricorda che ho cinque notifiche ancora da visualizzare. Come tutti i social network, anche questo me le segna in rosso, il colore dell'urgenza. Per dispetto volto le spalle allo schermo e cerco il sonno.

Alle scuole elementari, nel convento delle suore di sant'Agostino, io e Rossella abbiamo imparato per la prima volta a separare il mondo in categorie di nomi, cose ed emozioni distinte, fatta eccezione per la paura, che abbiamo sempre confuso con la vergogna.

La scuola si nascondeva con discrezione nel cuore del centro cittadino, dietro la strada dei negozi con le marche importanti, dove le nostre madri avevano il conto sempre aperto. Da una porta piccolissima si accedeva a un atrio con una grande statua della Vergine Maria dipinta in colori tenui di smalto scrostato. Sotto il sandalo della Madonna c'era schiacciata la testa di un serpente, così consumata dal tempo che ormai era diventata tutt'uno col piede. Dell'animale si riconoscevano solo gli occhi vermigli, che evitavamo a tutti i costi di incrociare.

Appena superato l'atrio si entrava nel grande chiostro colonnato, il pavimento segnato dal gesso dei nostri giochi che non sbiadiva mai del tutto neanche dopo la pioggia. Le aule affacciavano tutte su quel cortile, uno spazio facilmente sorvegliabile dalle maestre, a loro volta sorvegliate dalla madre superiora che le osservava da una finestra dei piani alti. Anni dopo avrei scoperto che certe prigioni sono costruite secondo lo stesso principio. Alcune delle nostre suore, del resto, avevano tratti da guardiani infernali. Suor Michela, la maestra di Rossella, aveva la faccia grigia come l'abito che portava nei mesi più caldi. Le rughe che le solcavano i lati della bocca la facevano sembrare un mastino napoletano. Mia cugina sosteneva che tutti i piccioni morti, negli angoli del cortile, li avesse schiacciati lei. Suor Eliana, di contro, era una fragile vecchia, la pelle di cartapesta e le dita come rami di un albero spoglio. Teneva il gesso tremando e scriveva la zeta come fosse uno di quegli insetti alieni che vedi solo in estate, dal corpo nero e giallo e una coda abbandonata come un nastro che si trascinano in volo. Nessuno aveva paura di suor Eliana ma lei aveva paura di ogni cosa, principalmente del demonio, che nominava spesso a voce bassa e grave, a volte chiamandolo il Maligno quando voleva terrorizzarci di più. Io e Rossella ci confidavamo sulle nostre suore in brevi appuntamenti al bagno delle bambine.

Nelle preghiere della sera chiedevamo a Dio e all'angelo di tenerci sulla retta via, di farci crescere brave ragazze, benché non avessimo ancora chiaro cosa rendesse cattive le altre, quelle più grandi di noi, il cui segreto, nonostante tutto, ci riempiva di eccitazione. Erano le studentesse della scuola magistrale, misteriose e sottili, che occupavano le aule del primo piano alle quali noi non avevamo accesso. A loro non era imposto l'uso del grembiule e quando la mattina passavano sotto i portici di marmo del convento travolgevano l'ambiente con una rivolta anarchica di colori. Da quegli abiti fintamente castigati spuntava sempre fuori un frammento di pelle carbonaro, una vertebra sporgente, un fianco che appariva tra i tessuti quando le braccia si alzavano a salutare un'amica. A osservarle distrattamente da lontano si perdeva il filo del discorso. Persisteva insieme al loro avanzare un senso di infrazione elettrica di cui raramente si riusciva a intravedere la causa, come la luce di un lampo durante il temporale. Ci chiedevamo: «Lo hai visto?», e poi tendevamo le orecchie per sentire il tuono.

C'è una scena reiterata, sospesa sulla linea del tempo. C'è l'odore forte di umido e sapone di Marsiglia che sale dai lavandini di pietra dove le suore facevano il bucato e il rumore ininterrotto dell'acqua che scorre dagli sciacquoni. Le porte dei bagni sono leggermente rialzate. Rossella mi chiede di infilare il piede sotto l'anta mentre l'aspetto, così da essere sicura che io ci sia. Ha paura delle ragazze più grandi ma al tempo stesso le cerca, ne è attratta. Certe volte si ritrovano lì per fumare di nascosto e aprono tutte le ante con violenza per controllare che non ci sia nessuno. Si chiudono nell'ultimo cubicolo e puoi sentirle parlare sottovoce oppure scherzare sguaiatamente.

Una volta abbiamo provato ad ascoltarle, ma è durato pochi secondi. Una di loro ci ha scoperte a soffocare una risata, ha aperto la porta e ci ha mandate via. «Qui dentro si recita il santo rosario!» ci aveva ammonito, mentre le voci delle altre le facevano eco insieme a un banco compatto di fumo che si sollevava sopra le loro teste. Quel giorno Rossella era rientrata in classe con i pantaloni bagnati e aveva dovuto chiamare a casa per farsi venire a prendere. Suor Michela aveva sollevato la sua sedia e l'aveva messa fuori la porta della classe, faccia al cortile interno, poi le aveva detto di uscire e aspettare lì sua madre in silenzio, a meditare sul fastidio che aveva dato a tutti, mentre tutti avrebbero meditato su di lei. Il panottico che osserva e mormora.

Nella mia cameretta, quel pomeriggio, ero tornata a pensare alla ragazza che ci aveva gridato contro. Era la sorella di Antonio Rizzo detto Tonio, il bambino della mia classe che non faceva altro che dormire con la testa sul banco, mentre il resto del tempo se ne stava in silenzio con le palpebre aperte a metà a guardare nel vuoto. Suor Eliana lo premiava spesso con una coccarda tricolore perché il silenzio è una virtù e lui era un bambino virtuoso.

Sua sorella era molto diversa. La osservavo dopo l'ultima campanella quando, appoggiata a una delle colonne intorno al cortile, aspettava Antonio per tornare a casa. Vestiva maglioni più grandi di due taglie e portava capelli lunghi e biondi che non pettinava mai davvero; li teneva attorcigliati a una matita, le mani invece erano sempre sporche di colori a olio. Quel pomeriggio, allo specchio, mi ero immaginata così. Avevo un fidanzato con la moto e conservavo il rossetto in un pacchetto di Merit.

Fantasticare sulla vita adulta divenne presto il nostro intrattenimento preferito. Stufe di giocare a "mamma e figlia", io e Rossella avevamo optato per una versione ben più minimalista e rivoluzionaria di quell'attività. «Giochiamo a "grandi"?» proponeva una, e l'altra accettava sempre. L'attività consisteva nel preparare borse per varie occasioni, dalla cena di lavoro al fine settimana con le amiche. Le riempivamo di scarti di stoffa rubati alla nonna, rossetti semiconsumati e fondi di cipria di cui restavano solo i cuscinetti un tempo morbidi e pelosi, ormai del tutto appiattiti. Ce li passavamo di tanto in tanto sulle guance sospirando per le troppe cose ancora da preparare. Fatta eccezione per queste piccole scenette organizzative, il nostro futuro immaginato non era poi tanto diverso dal presente, se non per il dettaglio mancante del grembiule blu spento che ci obbligavano a indossare a scuola.

La resistenza a immaginarci grandi per davvero era dovuta al fatto che nessuno degli adulti che avevamo intorno riusciva a piacerci, e in particolare le donne. C'erano le suore che avevamo come maestre, sempre arrabbiate e pronte a minacciare un intervento del demonio più ancora di quello divino. Con l'espandersi del nostro mondo sociale, poi, alle nostre madri si erano aggiunte quelle dei compagni di classe: signore eleganti – così giovani allora, a ripensarci adesso, eppure già tanto vecchie e stanche – che all'uscita della scuola ci aspettavano misurando le proprie croci con quelle delle altre. *Devo sopportare questa croce. Il Signore mi ha mandato questa croce. Offriamo questa croce al Signore.* Tornavano a casa per il pranzo soddisfatte, pronte a ripetere daccapo la stessa lista fuori dalla chiesa dopo la messa della domenica.

A scuola la Vergine Maria ci era proposta quale modello supremo di femminilità. L'immaginetta santa era il premio più ambito tra le bambine quando la suora – in preda al mal di testa – imbastiva in classe il gioco del silenzio, oppure quando nell'ora di educazione fisica – impiegata marciando sul perimetro del cortile – qualcuna si mostrava più obbediente, più allineata delle altre. «Maria madre lacrimosa» dicevano le insegnanti, e sembrava un destino, il destino di ogni donna, quello di farsi madre, di portare croci, di piangere per i propri figli, di allinearsi. Donne forti eppure fragilissime. Donne roccia ma fatte di tufo. Nel nostro futuro immaginato io e mia cugina camminavamo per le strade del centro saltando da un punto all'altro in modo irregolare per evitare qualsiasi croce decidesse di venirci addosso.

Vivevamo anche nell'ansia che un giorno potessimo ricevere la chiamata. Quando ne parlavano, le suore alzavano gli occhi al cielo aggiungendo enfasi con un gesto delle mani, a fare da corolla al viso. «Arriva all'improvviso» dicevano «e quando arriva non puoi rifiutarti. È Cristo che ti ha scelto per farti sua sposa».

Alla fine degli anni Novanta, quando su MTV passava a ripetizione un video in bianco e nero di una ragazza olandese di nome Anouk che gridava sgraziatamente di non voler essere la moglie di nessuno, noi pensavamo alle croci e alle chiamate, alle madri lacrimose e a quelle che invece sorridevano a oltranza alla ricerca del prossimo sacrificio di cui farsi carico. Saltavamo sul letto della nonna indossando i suoi foulard e al momento del ritornello, sul crescendo di chitarre e batteria, quando la cantante dimenava la testa muovendo i capelli biondo platino in ogni direzione, noi ci strappavamo di dosso tutti i veli fino a gettarci sfinite sul materasso a pancia all'aria, liberate e scomposte. Se la nonna entrava nel mezzo della nostra performance, si affrettava ad aprire la finestra senza neanche guardarci in faccia per fare uscire la puzza di sudore che si era attaccata alle pareti della stanza chiusa, poi cercava il telecomando per cambiare canale.

«Fate le brave» diceva «adesso state sedute a fianco a me».

Per il Natale del 1999 io e Rossella ricevemmo lo stesso regalo. Erano dei pacchettini blu elettrico, sottili e lucidi, chiusi da un bollino familiare che diceva FONOTECA SGUEGLIA. Il disco che ci eravamo meritate era quello di Britney Spears.

«È veramente graziosa» continuava a ripetere nostra nonna, orgogliosa del suo regalo «che bel sorriso che ha questa ragazza, acqua e sapone».

In quel disco c'era il singolo *Baby one more time* e nel video della canzone Britney aveva gli occhi tristi. In verità, tutte le canzoni di quell'album erano piuttosto tristi: qualcuno l'aveva mollata, e lei non sapeva davvero cosa fare da sola. Nel video di *Born to make you happy* la cantante stava distesa in una stanza simile a quella della principessa di *Prince of Persia*, in attesa che il suo fidanzato – interpretato da un modello muscoloso – tornasse a riprendersela. Chissà se alla nonna quella ragazza sarebbe piaciuta qualche anno dopo, immortalata dai paparazzi mentre si rasava tutti i capelli per farla finita con quella farsa che stava diventando la sua vita.

Nella versione animata della *Bella addormentata nel bosco*, le fatine Flora, Fauna e Serenella regalano alla piccola Aurora i doni della bellezza, del bel canto e della speranza di un grande amore. Io e mia cugina conoscevamo quella scena a memoria, l'avevamo guardata su una VHS più o meno legale a ripetizione, tanto da convincerci che dovesse essere andata proprio così anche per noi, nate a un solo mese di distanza l'una dall'altra. Ciascuna delle nostre madri insieme alle sorelle ci aveva messo qualcosa nella culla, un dono che era una virtù da cui saremmo state guidate lungo il percorso. A pensarci oggi questa ipotesi non suona neanche tanto assurda. Col solo essere se stesse le donne della nostra famiglia ci avevano regalato delle strade percorribili.

Zia Imma, la madre di Rossella, è la sorella maggiore. Si dice che da giovane fosse la donna più corteggiata della città. Era biondissima e un po' matta, e tutti le facevano notare quanto assomigliasse a Monica Vitti. Era così bella che quando aveva sedici anni nei fine settimana il nonno staccava il telefono perché non poteva sopportare le chiamate di tutti i ragazzi che la cercavano. Poi aveva iniziato a ricevere lettere nella cassetta della posta giù al palazzo e lui sequestrava anche quelle, perché non stava bene a quell'età avere tutti quei corteggiatori. Vagli a spiegare che a lei neanche interessavano. Era innamorata di un tipo più grande, iscritto a Medicina, che assomigliava a Jack Nicholson e aveva la macchina. Era il ’75 ed era appena uscito *Qualcuno volò sul nido del cuculo*. Solo quando mia zia ha compiuto diciotto anni lo studente di Medicina ha iniziato a ricevere inviti a casa ogni domenica. Durante la settimana la coppia si intratteneva nel soggiorno, la sera, dopo i pasti, sotto lo sguardo vigile della governante e della nonna, che adesso era felice di poter avere un dottore come futuro genero. Quando zia Imma scoprì che il giovane Jack Nicholson l’aveva tradita con una collega della specializzazione, si chiuse nella sua stanza decisa a non vederlo e non sentirlo mai più. Ci volle il lavoro abile di mia nonna – paziente come la vecchia sarta che era stata – per convincerla a riprendere quello che poi sarebbe diventato lo zio Genni. «Certe sbandate agli uomini possono capitare» aveva detto la nonna «e il perdono cristiano non si deve negare a nessuno». Soprattutto a uno studente di Medicina. Genni e Imma si sposarono dopo che lei si fu laureata in Pedagogia. Il giorno dopo la nonna mandò il curriculum di sua figlia alla scuola elementare privata gestita dai preti Salesiani, perché le donne sono portate per i bambini e questo lavoro l’avrebbe aiutata a crescere meglio anche i suoi. La femminilità, un certo tipo di femminilità fatta di eleganza e bellezza, è il valore che zia Imma ci ha insegnato a coltivare in quanto donne. «Che anche quando stai nella miseria, mai si parli di te come di un essere scomposto e non curato».

Adele, mia madre, è la sorella di mezzo: una donna allegra imprigionata nel personaggio dell’artista pasticciona che però non ha mai realmente avuto il permesso di interpretare. Si tratta di un antico retaggio d’infanzia, quando, innamorata di Claudia Cardinale nel ballo del *Gattopardo*, metteva in scena piccole rappresentazioni casalinghe, con tanto di costumi fatti a mano con delle vecchie pezze. Avrebbe tanto voluto studiare teatro, ma la nonna – sua madre –

le aveva detto che non era un mestiere da donna rispettabile e che meglio avrebbe fatto a chiedere un posto alle suore di sant'Antida come maestra, per iniziare a mettere da parte lo stipendio non appena compiuti diciotto anni.

Teo, mio padre, era il figlio dei vicini di casa ed era di poco più grande. Prima ancora che iniziassero a frequentarsi, Adele conosceva a memoria la sequenza degli autori dei libri sullo scaffale della sua camera: Julius Evola, Gabriele D'Annunzio, Roman von Ungern-Sternberg, Machiavelli, una serie infinita di orazioni e trattati di Cicerone, testi di Tacito e qualche romanzo di avventura. Li aveva osservati a lungo con ammirazione nei pomeriggi lenti del ginnasio, quando con gli amici ci si riuniva il sabato pomeriggio per sentire i dischi di Battisti. Allora finiva sempre che le femmine restavano in silenzio, ad ascoltare con ammirazione quei maschi che tutt'a un tratto sembravano più adulti da quando avevano preso la fissa della politica.

Mio padre era un oratore carismatico già allora. La voce profonda, con cui scandiva le parole difficili, ricordava a mia madre quegli attori dei colossal sull'antica Roma che aveva visto al cineclub dell'oratorio. Lei amava farsi spiegare tutte quelle cose che in generale l'annoiavano moltissimo, ma che a lui illuminavano gli occhi. Andava spesso a sentirlo parlare alle assemblee scolastiche, una volta al mese, a sostenere le posizioni della Democrazia cristiana contro l'ondata comunista che avanzava in città. Per Adele ragazzina, il giovane Teo era un personaggio intimamente inaccessibile a cui non interessava altro che doveri civici e speculazioni filosofiche.

Dieci anni dopo il tempo delle assemblee, quando tutti davano ormai mia madre per zitella e mio padre per scapolo solitario, amici comuni gli avevano combinato un appuntamento. «Una combinazione!» dice lei ogni volta che lo racconta, e ride sempre troppo in anticipo rispetto al suo interlocutore. Lo fa così, per fare strada.

Il matrimonio dei miei genitori è cementato dalla disponibilità di mia madre a mettere da parte se stessa, e non perché mio padre glielo abbia mai chiesto, ma perché è così che sta bene, è così che si fa. Lui è l'avvocato di successo, lei la moglie che accoglie i suoi colleghi, che allestisce feste, ricevimenti, che gli fa fare bella figura. È questa la narrazione di Adele del grande mistero dell'essere donna: l'accoglienza, che non sia mai di se stessa.

Poi c'è Clarissa, l'ultima delle sorelle. Un esserino fragile e minuto che ha qualcosa di uno spirito silvano. Dalla madre è sempre stata quella più protetta, per via del suo cuore malato. A diciassette anni sarebbe dovuta entrare in convento, ma un viaggio organizzato dalla parrocchia ad Assisi insieme al gruppo dei boy-scout e delle coccinelle le aveva fatto cambiare idea. Lui si chiamava Michelangelo, suonava la chitarra ed era comunista. In tutte le foto dei loro primi anni insieme anche lei tiene il pugno chiuso e la kefiah al collo. Quando hanno divorziato, Pasquale e Renato – i gemelli – avevano solo cinque anni. Michelangelo è andato a vivere da suo fratello in Australia e chiama solo a Natale. Da allora zia Clarissa ha iniziato a vestire abiti dismessi e quando non lavora come maestra per le suore del Sacro Cuore (ironia della sorte) si fa in quattro per aiutare il parroco della chiesa di Sant'Antonio, passando col cesto delle offerte durante la messa. A pranzo e a cena ha sempre un posto in più per padre Vincenzo, che ha fatto della casa di Clarissa un'estensione della sagrestia.

Il costante esercizio di umiltà, aveva detto la nonna a sua figlia, ne avrebbe riparato le crepe agli occhi del Signore. Il dono misterico che noi piccole donne abbiamo ricevuto dalla più piccola delle sorelle è stato quello dell'obbedienza:

un cieco abbassare la testa, rientrare nei ranghi, senza dare fastidio, senza alzare mai troppo la voce.

Le donne della mia famiglia sono boccioli di rosa selvatica a cui è stato imposto di fare i gerani. È stato così anche per me e per Rossella. Come gerani siamo state curate per essere esposte sui balconi di casa, sotto lo sguardo dei vicini, a esaltare il buon nome dei nostri padri.

Caserta è una città bassa e a testa bassa siamo cresciute all'ombra del Palazzo Reale. La Reggia supera i cornicioni degli edifici, ti porge il fianco per le strade del centro. Gli alberi del bosco selvatico li vedi rinchiusi entro i cancelli del parco all'improvviso, appena svoltato l'angolo. Certe volte ti confondi perdendo lo sguardo oltre le sbarre bianche di ferro dalle punte di lancia e ti chiedi se non sia tu a esistere all'interno anziché il bosco, che vedi crescere disordinato e libero.

In primavera le suore ci spedivano in fila per due nella chiesa di San Sebastiano, accanto alla scuola, per incontrare il prete che ci avrebbe confessato. Maggio è il mese della Madonna e in quei giorni eravamo tutti chiamati a misurare la nostra tempra contro le tentazioni del demonio.

«Il diavolo odia Maria» diceva suor Eliana dopo averci radunati nell'atrio davanti alla statua «perché la Vergine schiaccia la testa del serpente con il suo stesso piede, lo schiaccia e lo vince con la sua umiltà, accettando la volontà del Signore senza domande, vendicando l'arroganza di Eva».

Conoscevamo tutti la storia di Adamo ed Eva, le cui immagini colorate a pastello perimetravano le pareti di tutte le classi. La mela offerta dall'albero della conoscenza, l'unico dal quale la coppia avrebbe dovuto tenersi lontana, la curiosità della donna che si lascia convincere dall'animale, la persuasione nei confronti del compagno che si fa complice. A maggio, più che in ogni altro mese dell'anno, avremmo dovuto essere campioni di umiltà, non fare domande. «Occhi bassi e compostezza» ripetevano le suore come un *memento mori* ogni volta che ci incrociavano nel cortile durante l'ora di ricreazione. Raramente guardavano me. Si soffermavano sui riccioli biondo cenere di Rossella, il naso alla francese, quegli occhi blu profondo che facevano segretamente innamorare tutti i bambini della scuola.

«Stai molto attenta» le dicevano «perché sai di essere bella, e ogni volta che ti specchi fai peccato».

Maggio era il periodo dell'anno in cui la mia testa produceva i peggiori incubi e chiedevo a mio padre di lasciarmi dormire con una piccola luce accesa. *Signore mi pento e mi dolgo con tutto il cuore dei miei peccati perché peccando ho meritato i Tuoi castighi e molto più perché ho offeso Te infinitamente buono e degno di essere amato sopra ogni cosa.*

Tutte le volte che recitavo l'*Atto di dolore* battevo forte la mano sul petto come fosse una frusta e io un monaco medievale intento a espellere fisicamente dal mio corpo ogni forma di colpa. Scandivo le formule sacre mentre mi immaginavo strisciare a terra come un verme arso al sole dell'estate. Ogni parola era sofferenza e godimento insieme, purga.

A questo punto della mia vita mangio troppi gelati. A volte mento. Dico di non averne mangiato nessuno quando la nonna me lo chiede, così da ottenerne un secondo, un terzo. Ho anche scoperto dove la governante tiene nascoste le lattine di Coca-Cola per la domenica e vado a rubarle, per me e per Rossella, riponendo sul fondo dello zaino le lattine vuote. Mangio quello che invece mia cugina scarta, ci compensiamo, mentre il mio corpo si fa pesante e il suo si infragilisce.

I primi tempi avevo molta paura dei castighi allusi nella preghiera che recitavo all'inizio di ogni confessione. Più tardi, conclusi che se avessi trovato il coraggio di dire al prete tutti i miei peccati appena dopo averli commessi – con grande anticipo sulla mia futura morte – quei castighi non mi avrebbero mai raggiunta. Avevo testato il meccanismo abbastanza da andare avanti con una certa sicurezza. Anni dopo, su un banco di libri usati di Broadway Market, vicino ai canali di London Fields, avrei trovato un'edizione italiana di *Frammenti di un discorso amoroso* di Roland Barthes. Il libro presentava in ordine alfabetico una serie di lemmi legati al linguaggio dell'amore, dove la voce "colpa" precedeva quella della "compassione". Ci trovai scritto che "ogni incrinatura nella Devozione è una colpa", e che questa nasce da "un semplice gesto di indipendenza nei confronti dell'oggetto amato". Molto presto lo scetticismo che nutrivo nei confronti della religione si tramutò in fastidio, poi in un deliberato distacco. Il fatto che non avessi avvertito alcun senso di colpa in questo allontanamento, lo spiegavo con l'aver dichiarato la mia indipendenza da un Dio che non ero mai riuscita ad amare, pur senza ancora essere riuscita a smettere di temerlo.

Alla fine di maggio tutti gli studenti si ritrovavano sotto i portici in una lunga processione. Percorrevamo il perimetro del cortile dicendo il rosario con dei bigliettini bianchi tra le mani su cui avevamo scritto i nostri fioretti. All'inizio del mese, con una Bic a inchiostro blu, avevamo segnato tanti piccoli voti con la promessa di rispettarli e offrirli alla Madonna. Li avremmo bruciati tutti a turno, in una pira al centro del chiostro.

Non dirò bugie.
Non farò la spia.
Onorerò i miei cari.

Quella volta io e Rossella camminavamo vicine: lei procedeva avanti, io indietro. Ricordo ancora i suoi capelli ricci davanti alla mia faccia. Stringeva il pezzo di carta con nervosismo, se lo passava tra le mani sudate, tanto che l'inchiostro si era trasferito leggermente sulle dita. La mattina aveva incrociato suor Eliana all'ingresso della scuola e la vecchia le aveva augurato che dalla pira uscisse del fumo bianco. Sapevamo bene – ce lo avevano insegnato – che il fumo bianco stava a mostrare a tutti un fioretto che era stato mantenuto, mentre il fumo nero avrebbe avvisato la comunità della presenza di un peccatore. Quello che gli sarebbe successo poi non è mai stato chiaro. Sarebbe stato espulso? Sarebbe stato punito fisicamente? Una cosa era certa: il terrore di essere additati sotto gli occhi dell'intera scuola era per tanti di noi una ragione sufficiente a comportarci da animali mansueti. Nessuno nel cortile voleva essere diverso. È lì che abbiamo scoperto che la vergogna – lo *scuorno* – è la peggiore delle disgrazie. Poco ci importava di confessare i nostri piccoli peccati al parroco della scuola: lui non li avrebbe mai detti a nessuno. Ma la gogna, la pubblica piazza, quella sì che ci faceva paura.

In questo ricordo Rossella si gira verso di me e si morde le labbra e trema. Vedo le spalle muoversi insieme al suo respiro, più veloce a mano a mano che ci avviciniamo al fuoco, allora le prendo il pezzo di carta e lo scambio con il mio. I nostri voti, confusi come magliette di cotone nelle sere d'estate, li gettiamo alle fiamme. Un sussulto ciascuna, di paura, di sfida, non lo sappiamo ancora, non lo distinguiamo: stiamo ancora imparando. Teniamo il fiato sospeso mentre il fuoco mangia voracemente i pezzi di carta e li sputa fuori sottoforma di fumo bianco.

Quel giorno mi suggerì che mia cugina avesse un'altra vita, separata dalla mia, che io non conoscevo. Non gliene feci parola, non chiesi. I segreti mai rivelati sono segreti ben custoditi.

Delle scuole medie non ho ricordi se non quello di un'infinita attesa delle vacanze estive. Lasciando il cortile del convento ci eravamo liberate delle vecchie suore guardiane, ma dal nuovo edificio i cancelli bianchi del bosco reale, con le loro sommità a forma di lance, si erano fatti ancora più opprimenti.

In quegli anni, i martedì e i giovedì pomeriggio io e Rossella avevamo la scuola di danza. Ci accompagnava mia madre, che andava a fare shopping sul corso fino a quando non si faceva ora di venirci a prendere. Sarà stato il '98 o il '99. Avremmo abbandonato solo poco prima di iscriverci al liceo classico, quando rinunciare alle attività pomeridiane per motivi di studio veniva commentato dagli adulti con grande ammirazione.

A undici anni Rossella aveva già un seno prominente che cercava di nascondere con imbarazzo tenendo le spalle curve. Indossava un reggiseno di quelli sportivi, che passava in rassegna allo specchio dello spogliatoio prima e dopo ogni lezione. Eravamo tra le più piccole del corso. Le altre ragazze avevano già le mestruazioni e quando qualcuna si sentiva poco bene qualcun'altra annuiva, le chiedeva conferma in un linguaggio segreto, fatto di solo labiale. Noi volevamo essere come loro, al punto da mentire, a volte, sul nostro stato fisico.

«Mi fa male la pancia».

«Forse oggi mi verranno».

«La dottoressa mi ha detto che a breve mi toccherà».

«Mi è cresciuto qualche pelo lì sotto».

Ma il mio corpo non sapeva mentire come la mia lingua, era rotondo dove quelli delle altre erano fini, era piatto dove gli altri disegnavano curve. Per questo motivo l'insegnante di danza mi affidava i ruoli più buffi e marginali per il saggio di fine anno: sono stata un burattino di Pulcinella che si muoveva goffo mentre altre ballerine animavano le fila in arabesque e giravolte. Sono stata una gallina sgraziata che correva per il pollaio inseguita da gatti dal passo elegante. Odiavo il mio corpo e la violenza con cui veniva esposto agli sguardi degli altri. Al tempo stesso avrei voluto abbracciarlo, quel corpo, per proteggerlo.

Prima di ogni lezione intingevamo le scarpette nella pece per fare attrito con il pavimento di parquet, mentre l'immaginazione si scontrava con le nostre forme allo specchio.

«Come sei bella, Rossella».

«Sboccerai presto».

Nel cortile, all'intervallo, l'aspetto contava poco o niente. La gerarchia si stabiliva in base al cibo che avevi per merenda, o al mazzo di figurine della Disney che tenevi in tasca, da scambiare all'uscita. Nella scuola di danza, invece, i corpi divennero una discriminante. Eravamo bambine che imparavano ad abitare nuovi margini, donne che vivevano la propria fisicità come un segreto che non doveva essere comunicato.

Di quegli anni mi resta l'immagine di Rossella che fruga nello zaino alla ricerca di qualcosa. Intravedo il viola scuro degli assorbenti che mia madre conservava in un cassetto del bagno. Lo arrotola su se stesso, lo trasforma in un sigaro sottile e lo nasconde sotto la manica del body. Per l'intera lezione di danza tra lei e alcune delle ragazze più grandi c'è un'intesa di sguardi e cenni silenziosi. Quando dopo un'ora rientriamo negli spogliatoi nessuna mi rivolge la parola. A ogni domanda che faccio mi parlano addosso. Non esisto.

È il loro gioco, il gioco del morto. Io e Rossella lo avevamo visto fare altre volte: una ragazza più grande decide quali tra le più piccole dovranno essere ignorate fino alla lezione successiva.

Quel pomeriggio mia cugina era stata accettata.

Forse lo scarto era in quel mio corpo pigro, nei miei ormoni assopiti, che si rifiutavano di svegliarsi nei tempi stabiliti? Era colpa del mio corpo indeciso, spaventato, che rifiutava la forma, che non voleva aderire, che non stava al passo? Alla fine del millennio, avevo la sensazione che il passaggio dai cartoni animati alla ricerca compulsiva delle immagini di un attore di Hollywood fosse netto come il salto oltre una linea di gesso. Una volta avvenuto, non restava altro che guardarsi indietro cercando i resti della vecchia pelle abbandonati sul pavimento. Quando entri in un regno nuovo, finché non ne apprendi le regole, sei un servo. Così, lentamente, ci approcciavamo al territorio dell'adolescenza: con sottomissione.

«Mi dispiace» aveva detto Rossella a bassa voce sui sedili posteriori della macchina, invitandomi a prendere una patatina dallo scatolo di Cipster aperto.

«Tutto bene?» chiese mia mamma, vedendomi con gli occhi lucidi.

«La maestra ha detto che Clara non faceva bene un passo» rispose mia cugina, mentendo. «Mi dispiace» aggiunse poi verso di me subito dopo, scandendo le parole con le labbra senza emettere suono.

«Perché non gli hai detto di no?» domandai, bene attenta che la mia voce non raggiungesse il sedile anteriore.

«Non lo sai?» disse mia cugina, come se fosse ovvio.

Restai a guardarla cercando di capire.

«Non ti puoi rifiutare. Sono le regole».

A quattordici anni Rossella, che sognava di diventare una ballerina, era stata inghiottita dall'ambizione di sua madre che voleva farne una modella di abiti da sposa. Dalle nostre parti essere una modella di abiti da sposa comporta il raggiungimento di uno status sociale ben preciso. Alle più belle vengono offerti contratti per calendari e pubblicità locali, inaugurazioni di negozi, partecipazioni a eventi nei centri commerciali. Da dove veniamo noi, le modelle di abiti da sposa hanno un ruolo che non si limita ai vestiti che indossano: loro incarnano l'ideale femminile che sotto quell'abito e attraverso quell'abito tiene insieme bellezza, purezza e docilità. Così Rossella.

Tutto quello che della provincia io ho vomitato via negli anni, mia cugina lo ha cucito addosso come un drappo di mitezza e devozione, come del resto la nonna aveva insegnato a tutte le donne della nostra famiglia. Mentre lei tollerava le luci della ribalta, io invece nutrivo una passione per tutte quelle attività che avrei potuto fare restando nascosta. Con la pancia aderente al pavimento della stanza passavo interi pomeriggi a sfogliare la collezione di classici della libreria di mio padre. Leggevo lo Swift dei *Viaggi di Gulliver* e *L'isola del tesoro* di Stevenson (innamorandomi del pirata Long John Silver); leggevo *Sandokan alla riscossa* e *Il corsaro nero* di Salgari, libri di mare e di giungle che mi portavano altrove, storie così lontane dal mio mondo che mi lasciavano sola a gestire un senso di ebbrezza e spaesamento anche dopo averne riposto i volumi. L'ubriacatura dei romanzi di avventura, col senno di poi, ebbe su di me un duplice effetto: se da un lato sconvolgeva la mia banale quotidianità con un surrogato di emozioni forti, dall'altro ritardava a oltranza la comprensione del mondo che abitavo e la mia posizione rispetto a esso.

Quando gli impegni di Rossella si fecero più frequenti e la sua vita sociale prese a intrecciarsi a quella delle altre giovani modelle, anche la scrittura arrivò nelle mie giornate, e lo fece esigendo da me un coinvolgimento assoluto. Qualche volta, facendomi coraggio, avevo presentato i miei racconti al giornalino del liceo con altri nomi. Li avevo scelti tra una rosa di suoni giapponesi: Minami Asaka, Masakatzu Kazura, Len Momono. Li leggevo sulle copertine dei manga ordinati sugli scaffali della fumetteria in via Sant'Antonio, sul marciapiede opposto a quello della chiesa. In quel negozio perdevo la cognizione del tempo, mentre al tavolo accanto al bancone andavano avanti per ore i tornei di carte Magic, tra la forte puzza di scarpe da ginnastica e quella di aria stantia. Il figlio del proprietario, con il quale ero entrata in confidenza, mi aveva insegnato ad aprire gli albi il giusto necessario per leggerli senza creare quella piccola ruga sul dorso, quarantacinque gradi di ampiezza tra le due pagine. La precisione del rituale mi faceva sentire come se stessi spiando i personaggi di quelle storie senza essere vista. *Video Girl Ai* era il mio preferito. Parlava di una ragazza uscita da un video porno magico affittato da un ragazzo col cuore spezzato. I disegni erano molto espliciti, motivo per cui non avevo mai abbastanza coraggio da portarmeli a casa, benché fossero meravigliosi. Quelle tavole in bianco e nero dai tratti sottili inquadravano natiche lisce sotto gonne piccolissime, mostravano come per sbaglio seni prosperosi stretti in corpetti dettagliati, le ginocchia esili, quasi sempre sbucciate per un movimento goffo dei protagonisti. Dai manga avevo imparato quanto il sesso non fosse esclusivamente qualcosa di sporco o di sacro, come ci avevano insegnato a pensare. A volte poteva raggiungere livelli altissimi di bellezza quando i corpi aderivano perfettamente in un gioco di forme, senza che servisse ad altro se non al puro godimento di un atto gioioso, del tutto privo di senso di colpa, ma partecipato per il solo gusto del piacere. Riponendo gli albi sullo scaffale mi batteva il cuore fortissimo.

Raccontavo queste storie a Rossella lungo la strada di casa, quando la incontravo a mezzogiorno dopo il ginnasio. «Tu sei matta» mi diceva. Poi voleva tutti i dettagli.

Nella lista dei contatti aggiunti al gruppo Whatsapp dell'addio al nubilato ho riconosciuto le nostre compagne di scuola e alcune amiche ex modelle dei tempi delle sfilate. Tutte tranne una, a dire il vero, la cui assenza è risaltata ai miei occhi più di ogni altra adesione.

Leo si era fatta spazio nella vita di mia cugina quando le nostre strade avevano iniziato a prendere direzioni diverse, anche se spesso mi convincevo del contrario. La sua presenza si era inserita tra me e Rossella occupando un territorio sempre maggiore, come acqua che si fa ghiaccio all'interno di una fessura e finisce poi per allontanare le due estremità della superficie. Non mi stupisce che un'amicizia del genere non abbia resistito alla prova del tempo, quella della fine del liceo e degli anni che sarebbero venuti dopo, fatti soprattutto di scelte individuali.

Anche Leo frequentava il liceo classico, ma era un anno più grande di noi. Il suo vero nome era Leonora, ma non lo usava mai per intero, perché diceva che non se lo sentiva addosso. Lei e mia cugina si erano incontrate durante i corsi di portamento che la nostra insegnante di educazione fisica aveva messo su come attività extracurricolare per prendere i soldi del piano offerta formativa della scuola. Nonostante la natura del tutto amatoriale del progetto, la professoressa era riuscita a inserire qualcuna delle sue ragazze nel circuito regionale delle sfilate, in cui anche lei da giovane aveva militato per poco tempo.

Rossella non smetteva mai di parlare della nuova amica. La sua ammirazione oscillava tra il desiderio di essere lei e quello di vincere la sua attenzione. Mentre i nostri piedi procedevano cauti su un mondo che ci pareva fatto di gusci, Leo avanzava a passo sicuro, i suoi colori vividi contro i nostri, che al confronto erano solo pennellate di acqua sporca. Era una ragazza strafottente, e questo contribuiva al suo fascino. La sua era una sensualità che sfuggiva a ogni forma di controllo. Più lei si mostrava mascolina e brusca nei modi, più quella femminilità si ribellava e la travolgeva con tutto il resto. La sua bellezza, pure, era in qualche modo già adulta. L'altezza, combinata alle spalle larghe e il seno quasi inesistente, le dava un aspetto androgino che allontanava dagli arti snelli ogni suggestione di fragilità. Gli occhi verdi truccati distrattamente con un leggero filo di rimmel erano sempre socchiusi come se stessero scrutando qualcosa nel profondo. Leo odiava le lenti a contatto ma si rifiutava di portare gli occhiali, i dettagli rivelano le imperfezioni, diceva, e allora non valeva la pena soffermarcisi troppo. Anche il suo naso non era bello in modo ordinario ma ricordava quello dei pugili, leggermente storto e schiacciato, un elemento che trovavo coerente al suo personaggio, quello di una ragazza che non si sarebbe tirata indietro se accanto le fosse scoppiata una rissa.

A sentire Rossella, l'amica faceva impallidire anche le spose favorite dei designer, quelle a cui assegnavano l'abito di chiusura e che poi rientravano sotto il braccio dello stilista alla fine di ogni passerella. A differenza delle altre Leo non ripeteva compulsivamente il segno della croce sul petto prima di uscire dal camerino, ma si guardava allo specchio un'ultima volta lasciandoci impresso un sorriso beffardo.

Frequentandola, Rossella aveva appreso quei piccoli trucchi che le avrebbero reso la vita più facile tra le modelle:

digiunare, se le pareva, ma non rifiutare mai un gelato, così che nessuna le avrebbe dato dell'anoressica; andare sempre in bagno nei momenti più affollati, perché non si dicesse in giro che fosse bulimica; accennare di tanto in tanto al nome di un ragazzo, perché nessuna si sentisse minacciata da una collega in cerca di avventure; fare piccoli complimenti a tutte, mai dire niente contro nessuna, perché le voci girano e le piccole vendette ben riuscite sono quelle che ti fanno perdere l'ingaggio.

Il fratello maggiore di Leo giocava a basket per la primavera della Juvecaserta. Era una specie di star tra gli studenti e per questo motivo nessuno osava avvicinarsi a lei senza prima andargli a parlare. Leo, comunque, faceva quello che le pareva. Non aveva un ragazzo fisso, ma ogni volta che raccontava in pubblico delle sue uscite li chiamava tutti indistintamente Eduardo. Era uno che studiava fuori – inventava – e spesso lo raggiungeva a Roma saltando la scuola.

Leo la vedevo ogni mattina nel cortile del classico seduta sotto il canestro del campo da basket in cemento dove facevamo educazione fisica. Se ne stava immobile con una sigaretta tra le labbra e lo sguardo fisso sull'edizione economica delle poesie di Jim Morrison. Rossella mi aveva raccontato che quel libro era il regalo di un surfista conosciuto l'estate prima in Indonesia. Lui aveva trentun anni e lei soltanto quindici. Lui era in vacanza con gli amici, lei con i genitori. Lui era sposato, lei era vergine. A Bali era stata la prima e ultima volta che Leo si era lasciata andare al sentimento. Di quella storia le era rimasto un volume di poesie e un braccialetto di cotone sbiadito, che teneva alla caviglia in tutte le stagioni.

«Come un ricordo?» le aveva chiesto mia cugina.

«Come monito» le aveva risposto Leo, che nell'estate dei

suoi quindici anni aveva capito quanto essere desiderate fosse la cifra giusta del desiderio, e aveva deciso di restare fedele a quella scoperta.

Con difficoltà quel primo anno di liceo avevo cercato di farmi una ragione del loro legame. Intanto Rossella aveva affiancato al poster di Britney Spears i ritagli della campagna pubblicitaria di Gucci con Kate Moss. Il suo stile si andava conformando mese dopo mese a quello delle ragazze dai colori pastello sulle copertine dei magazine che comprava ogni domenica all'uscita dalla messa. Mia cugina, che fino a quel momento aveva vissuto la propria bellezza come un attributo casuale, cominciò ad abitare il suo aspetto con consapevolezza. Accanto a Leo, il suo corpo minuto e i suoi toni chiari diventavano improvvisamente brillanti. Alla fine del quarto ginnasio veniva difficile parlare di una di loro senza riferirsi anche all'altra.

Un paio di volte eravamo uscite in tre. In città esisteva un luogo in cui la preadolescenza impacciata e untuosa si trasformava in splendore liceale dalle otto e mezza del sabato sera fino alle undici. Pizza John era un buco senza neanche posti a sedere dentro, ma ci potevi comprare un pezzo di margherita per cinquanta centesimi. Le serate trascorrevano lente in attesa che qualcosa accadesse, o che qualcuno ci salutasse. Il divertimento si consumava nelle aspettative mancate per poco, nelle descrizioni esatte e dettagliate di fatti irrilevanti che avrebbero potuto essere qualcosa. Tutto sembrava succedere dopo le dieci, quando io e Rossella eravamo andate via. Una dichiarazione, un bacio fugace sulle labbra, uno sguardo tra la folla. Leo restava ben oltre il nostro coprifuoco e ci raccontava tutto la settimana successiva prima di entrare in classe. Ogni volta le sue storie sussurrate sottovoce riaccendevano in noi la voglia di tornare, fino a che la complicità tra lei e mia cugina non si trasformò per me in qualcosa di insostenibile. Vedevo a distanza la costruzione di un rapporto da cui restavo esclusa e che si presentava come qualcosa di intimo e misterioso, fondato sulla scelta reciproca e non sulla casualità del legame di sangue. Era come tornare indietro alla scuola di danza, durante il gioco del morto, ma questa volta non c'era nessuno a venirmi a prendere.

«Lasciale stare» diceva mia madre, allora mi ero chiusa ancora più intensamente dentro i miei racconti. Poi era arrivato internet e il mondo fuori mi sembrò importare sempre meno.

Una sera avevo diciannove anni, era già buio ma non era tardi. Era una sera pigra che non chiedeva di essere ricordata e io aspettavo l'ascensore al pianoterra del palazzo. L'architetto era uscito dalla porticina del garage con un cappotto grosso di tweed visibilmente vecchio. Non veniva spesso a Caserta, ci tornava a trovare la madre, che era anziana e viveva con una badante nell'appartamento accanto al nostro. Lui arrivava da Roma, tornava a Roma, veniva a Caserta, ripartiva, sulla spalla una borsa di stoffa pesante di libri e plichi di fogli. Era il mio vicino ma lo conoscevo poco, lo vedevo raramente. Mio padre ne parlava spesso a tavola, usando per lui grandi parole. Qualche volta erano andati a cena insieme, era una persona da frequentare. «L'architetto insegna all'università» commentava quando veniva fuori il suo nome «ma ha scritto anche dei romanzi e ha pubblicato con editori di tutto rispetto».

L'architetto sapeva che mi ero appena iscritta a Lettere, glielo aveva detto mio padre con una certa soddisfazione. L'amore per la letteratura in effetti era qualcosa che in passato ci aveva tenuti vicini, anche se con gli anni aveva finito per allontanarci in modo irrimediabile. Crescendo avevo letto Alba de Céspedes e Virginia Woolf. Avevo scoperto Simone de Beauvoir e da allora non ero stata più la stessa. Come lei provavo forte insofferenza per le cerimonie e per la morale ostentata della mia classe sociale, per le finzioni e per i suoi artifici; come lei mi sentivo fuori posto.

Le sue parole mi avevano letta dentro come nessun altro al mondo.

La sera in cui incontrai l'architetto in ascensore, lui mi chiese se avrei fatto l'insegnante come mia madre o la scrittrice, o entrambe le cose. Quell'allusione mi fece sentire importante.

Mi invitò a prendere un caffè sul suo terrazzo l'indomani, per fargli leggere i miei racconti. «Le piace scrivere» aveva detto mio padre, che aveva usato quel dettaglio per avvicinarlo una delle prime volte che si erano visti.

L'architetto era la prima persona che conoscevo ad avere un nome stampato su una copertina vera. Al nostro incontro portai con me cinque racconti, quelli a cui ero più affezionata: ne provai immediatamente imbarazzo. Erano prove adolescenziali ispirate a storie che avevo sentito o immaginato, ricche di retorica su quello che credevo fosse l'amore: c'era sempre qualcuno che moriva e qualcun altro che doveva partire per l'America. Rimasi sorpresa quando l'architetto mi invitò a tornare, e allora fu mia madre a insistere perché ci andassi. «È una persona importante, è stato anche in televisione» mi disse.

L'architetto fumava moltissimo, così tanto che la barba si confondeva col fumo della sigaretta e in certi momenti di lui restavano solo gli occhi ambrati e affilati come quelli di un coyote. Quella stessa settimana, al successivo incontro, mi disse che mi avrebbe aiutato volentieri, che in me vedeva un talento da curare. Ci tenne a ricordarmi delle sue conoscenze in varie case editrici e un giorno, disse, quando sarei stata pronta, mi ci avrebbe introdotto. Mi congedò dandomi in prestito una raccolta di racconti di Alice Munro, con la promessa che sarei tornata per un'altra conversazione. L'architetto aveva detto che i nostri incontri mi avrebbero fatto bene, che mi avrebbero aiutato a spingermi oltre.

Lasciai casa sua chiedendomi se era questo che significava avere un maestro.

La sera, sul letto, nel libro che mi aveva dato notai un segno all'angolo di un racconto specifico. La protagonista era una studentessa che in cambio di cene e regali acconsentiva a incontrare un uomo anziano per leggere letteratura nel suo salotto completamente nuda. Fui stranamente sollevata al pensiero che l'architetto sarebbe partito di nuovo per Roma l'indomani.

Un'altra sera era tardi. Nel palazzo non c'erano già più rumori, le cucine erano state rimesse in ordine e le tv erano state spente negli appartamenti. Mi ero trattenuta più del dovuto a casa della mia compagna di studi sui libri dell'esame di Storia romana. L'architetto era là, nell'androne centrale, con la sua borsa e il solito cappotto sfatto. Sembrava ubriaco. Mi lasciò entrare per prima nell'ascensore. Quando le porte si chiusero mi rimproverò di non essermi fatta sentire nelle precedenti settimane, poi mi fissò con attenzione.

«Non sei propriamente bella, ma sei attraente con la stanchezza del giorno sotto gli occhi» mi disse. «Sembri una tossica».

Sorrisi. Non sapevo perché avrebbe dovuto suonare come un complimento, ma volevo essere gentile. Arrivati sul pianerottolo mi invitò a entrare da lui. Gli dissi che non avevo il suo libro, quello che dovevo restituirgli.

«Non importa».

Non so bene ricostruire il passaggio, ma all'improvviso sentii la sua mano rugosa e ispida sulla mia, mi portò sui suoi pantaloni, mi tenne ferma sul membro duro. Ero immobile, a un metro dalla porta della mia casa. Ritirai la mano e lui scosse la testa. Gli dissi che era tardi, che dovevo andare, cercai le chiavi per non guardarlo negli occhi e accennai a un esame che avrei avuto il giorno dopo, premurandomi di non offenderlo.

Ci avrei messo giorni interi per mettere insieme tutto, capire cosa fosse accaduto, raccontarlo a mia madre. Quando glielo dissi, con molta fatica, lei mi rispose che dovevo aver interpretato male il gesto, che non avrei dovuto ricamarci troppo sopra e che sarebbe stato meglio non parlarne più. In periodi di grande stress noi donne avevamo la tendenza a suggestionarci.

Con l'architetto mio padre avrebbe continuato a discutere di politica con interesse, a invitarlo a cena, qualche volta. Non era successo nulla di grave in fondo, e farne menzione sarebbe stato offensivo nei confronti di una persona importante che avremmo continuato a vedere di tanto in tanto, in brevi scambi di cordialità.

«Tu prendi le scale, se non ti senti tranquilla» mi ammonì mia madre.

Mi piace interpretare quel consiglio come la segreta ammissione del fatto che tutto sommato avessi ragione, ma che lei non avrebbe potuto farci nulla. Anche mia madre se ne stava muta, censurata nel profondo dalle regole degli uomini, e proprio da quelle regole io avrei deciso di andare via.

Nell'altra città c'è un altro palazzo reale. Ci passo davanti due o tre volte al giorno a bordo del 19, quando incontro gli studenti nelle loro pause pranzo accanto agli uffici di Regent Street. L'altro palazzo è più austero, fatica a stagliarsi contro il grigio del cielo ma pare a tratti che lo faccia apposta, che voglia essere discreto. Passeggiando per Londra quasi puoi dimenticare che esista: ogni quartiere è un piccolo mondo centrato su se stesso, riconoscibile dai colori delle facciate degli edifici, dai vestiti delle persone, dal cibo esposto nelle vetrine. L'arancio ruggine di certe traverse di Sloane Square diventa il bianco e nero di Belgravia; altrove, i mattoncini in tufo di Canonbury piano piano sfumano sotto gli acrilici di Shoreditch. Nella city, tra London Bridge e Southbank, se guardi in alto il centro si sposta all'altezza delle nuvole. Gli enormi grattacieli vetrati sorgono tutti vicini, stretti l'uno contro l'altro come un branco di animali oltremisura che però hanno paura a stare soli. Qualche anno fa, per evitare che gli elicotteri continuassero a sbatterci contro nel buio, li hanno contornati di luci rosse, col risultato che se guardi in alto in quella direzione adesso sembra sempre Natale.

Questo palazzo reale – quest'altro – non è un palazzo geloso. I suoi parchi sono aperti, si regalano alla città insieme all'illusione di essere altrove anche quando non ci si può permettere di partire. La vista di un autobus rosso tra gli alberi fitti dei giardini di Kensington è la rivelazione di un mondo che sembra anni luce lontano, a cui hai dimenticato di appartenere e al quale con rammarico dovrai tornare, ma il più tardi possibile. Chi sei? Come sei arrivato lì? Perché non ti buttano fuori? Passeggi nei giardini reali, sei un ospite inatteso e non annunciato.

Soho è soltanto a poche centinaia di metri da Buckingham Palace. Di giorno il quartiere è un insieme di strade che collegano Piccadilly a Carnaby Street, mentre di notte centinaia di insegne al neon dai colori acidi ti invitano a entrare dentro i sexy shop e i club sadomaso allineati l'uno accanto all'altro, come fossero vetrine di una High Street.

Al numero 28 di Dean Street c'è una placca blu cobalto che dice che lì, nel palazzo dove ora c'è un cocktail bar dall'arredo minimal, un tempo ci aveva abitato Karl Marx con la sua famiglia. Occupavano due stanze al secondo piano, dormivano tutti in una sola camera, mentre nell'altra venivano ricevuti rifugiati politici e rivoluzionari europei. Da qualche parte in quella casa, su una piccola scrivania ricavata tra il mobilio accatastato, il filosofo aveva scritto il primo capitolo di *Das Kapital*. Da qualche parte in quella casa, tra la miseria e il lerciume, erano morti due dei suoi bambini.

Una leggenda metropolitana racconta di una serie di attacchi ai danni di quella placca commemorativa. Il proprietario del locale sottostante non la voleva tra i piedi: la sua clientela, a suo dire, era costituita da gente di un certo tipo, e il nome di Marx li avrebbe fatti sentire meno accolti.

Passeggiare per Soho è anche attraversare un discorso di classe che si allontana dalla lotta per avvicinarsi alla farsa e al travestimento. L'eccitazione dei ricchi si accende nel prendere possesso di luoghi che non gli appartengono, posti che un tempo erano scenario della *working class* e che oggi sono il loro parcogiochi della trasgressione. Dall'altra parte della strada, invece, alla fermata del bus davanti all'ingresso di Chinatown, un esercito di persone ordinarie scende dagli autobus a getto continuo, come i fedeli in piazza San Pietro. Arrivano dalla periferia con i loro vestiti migliori, faranno la fila per il cocktail più costoso nel club dove una volta è stata vista Madonna. Non riusciranno a sedersi e le scarpe faranno male, ma potranno bere dallo stesso bicchiere di un uomo che ha appena comprato un appartamento a Mayfair. Sarà importante poter dire di esserci stati, così maledettamente importante.

Nella grande città l'altro palazzo reale se ne sta in silenzio. Certe volte, quando lo scorgo oltre il finestrino, provo un po' di affetto per quell'edificio che nei secoli ha accolto a così pochi metri da sé centinaia di vite sbilenche in fuga da un continente che aveva chiuso loro le porte.

Altre volte, quando il cielo è particolarmente scuro, mi chiedo invece se ne sappiano niente quelle mura dei mondi che gli stanno accanto, se quel tollerare non sia piuttosto un completo ignorare ciò che non ha neppure la dignità di essere riconosciuto.

Il disegno intricato delle linee della metropolitana di Londra ha la forma di una bottiglia di vino distesa. È una bottiglia che qualcuno ha lasciato cadere ancora piena, col vino rosso che però non si è riversato del tutto. È l'immagine perfetta per raccontare una città capace di portarti in alto verso stati di ebbrezza assoluti, ma che poi ti affossa come un vecchio ubriaco all'angolo di una strada, senza che nessuno si fermi neppure a guardare. A seconda della giornata quella bottiglia può essere mezza piena o mezza vuota. Per passare il tempo, mentre il treno mi porta a destinazione, mi ci lascio galleggiare dentro, allora il viaggio si trasforma in un film a cui hanno tolto il suono. Ecco che il rumore delle rotaie sparisce, sparisce il bambino che piange da almeno tre stazioni, sparisce il coro di ragazze già ubriache che si preparano alla serata di *clubbing*. Con loro spesso ci riconosciamo, anche se non ci siamo mai viste prima. A volte condividiamo lo stesso segreto: non indossiamo il cappotto nonostante il freddo, e questo significa che abbiamo già deciso. Nessuna di noi ha intenzione di tornare a dormire nel proprio letto.

Tempo fa, dopo una breve conversazione, ho accettato l'invito di uno sconosciuto sapendo che ci avrei passato insieme la notte. Non era la prima volta, ma per questo tipo di appuntamenti non ho mai smesso di provare un certo senso di infrazione. So bene cosa dicono nella mia città di una come me: che è una poco di buono, una *zoccola*. Ragazze così mia nonna le chiama "sottanelle leggere". «Tutti le prendono e nessuno le vuole» ci ripeteva da adolescenti. A Londra però le cose sono diverse. Nella grande città ricordarsi di essere fatti di corpo è l'unico modo per non scomparire del tutto.

Allo specchio, prima di ogni incontro, mi sono abituata a passare in rassegna i dettagli del mio viso: la frangia lunga e scura che cade sugli occhi quasi a coprirli del tutto, i capelli che non toccano le spalle, le solite occhiaie scavate che provo a nascondere in malo modo col trucco.

I am just a girl trying to make it in the big city. Così mi presenta il mio profilo: soltanto una ragazza che cerca di farcela nella grande città. Quel *just a girl* messo lì a contrastare *the big city* è fondamentale: agli uomini piace pensare di poterti salvare, anche quando non hanno intenzione di farlo.

L'appuntamento era al World's End, il pub davanti alla stazione di Camden Town. L'idea della fine del mondo, che da bambina mi aveva creato non pochi turbamenti, vent'anni dopo ha preso l'odore dell'alcol rovesciato sul pavimento e il rumore di una cover band metal che non si prende troppo sul serio.

Michael mi ha scritto in orario di lavoro, durante una delle mie lezioni di italiano. Mentre la mia studentessa, esercitando l'uso del passato, elencava gli eventi del fine settimana precedente, lui mi aveva domandato che piani avessi per quello che stava per cominciare.

Sul profilo si dichiarava esperto di scienze politiche e simpatizzante per la causa palestinese. Descrizione: *recovering journalist*, un giornalista a riposo. Raggio d'azione: 3 km, l'ampiezza di Hackney, un modo molto sicuro per selezionare un certo tipo di fauna, quella dell'intellettuale hipster laburista. Interessato a: donne (25-35). Canzone inno: *Spanish bombs* – The Clash.

«Clara?» mi ha domandato quando mi ha visto arrivare da lontano. A quel punto ho dedotto che aveva passato il pomeriggio a guardare le mie foto. Ho annuito e ho preso posto accanto a lui. Mi aveva già ordinato una birra.

Michael sapeva di non essere canonicamente bello, ma doveva piacersi molto. Lo leggevo nel modo in cui occupava il suo posto: le braccia ampie, le mani che si aggrappavano alle estremità del tavolo, a decretarne il possesso. Aveva i capelli ricci che gli scendevano sulla fronte lasciandogli una leggera stempiatura ai lati, con un naso curvo e lungo e le labbra carnose come certi cattivi dei fumetti. Qualcuno gli aveva riconosciuto una certa preparazione in fatto di film indipendenti e lui lo aveva trasformato in un tratto forte della sua personalità. Sparava a raffica titoli di documentari e nomi di registi che non avevo mai sentito prima. Lo faceva replicandone la pronuncia esatta, arrotando le *erre* e aspirando le *acca* quando necessario. Mi sono chiesta se non trovasse anche il mio accento in qualche modo esotico, se non fosse stato quello ad aver mosso il suo desiderio. Il mio interesse, invece, si era acceso nel momento in cui avevo capito che mi voleva. Era successo abbastanza presto, alla fine del primo drink. Mi aveva chiesto se volessi continuare a bere e senza neanche aspettare una risposta mi aveva preso il bicchiere dalla mano. Ho capito che saremmo andati a letto insieme nel frammento di secondo in cui le nostre dita sono entrate in contatto. Mentre Michael era al bancone avevo provato a immaginare la sua stanza: una bandiera della Palestina, tabacco sparso sulla scrivania e cartine stropicciate sulla moquette.

Alla fine del secondo drink ero già abbastanza ubriaca e lui mi ha chiesto se quella fosse la mia prima volta.

«Che cosa?».

«Il tuo primo appuntamento con qualcuno che hai conosciuto online».

Avrebbe voluto che gli dicessi di sì.

«Perché me lo chiedi?».

«Perché mi sembri piuttosto intimidita».

«Sono stata a scuola dalle suore» ho detto e lui ha sbuffato un sorriso.

«Capisco. Usare le app non è una cosa di cui vergognarsi, comunque» ha aggiunto. «Come altro si possono conoscere nuove persone nel mondo reale, a trent'anni?».

Si è avvicinato e ha messo la sua mano sulla mia, come si fa con i bambini che devono essere rassicurati.

«Non è la prima volta» ho chiarito. «Ce ne sono stati altri quattro».

«Quindi sono il tuo quinto tentativo».

«Quattro questo mese» ho specificato.

Ho preso un sorso di birra dal bicchiere per non guardarlo negli occhi. In una galleria di immagini mi sono tornati alla mente quelli che avevo avuto davanti nello stesso format, a distanza di un tavolo e molto alcol: Jamie, graphic designer di passaggio da Londra e diretto a San Francisco; Bernard, commesso di H&M con la fantasia del travestimento; Zoltan, fisioterapista ungherese, che amava piangere e farsi cullare dopo essersi spogliato; Andrew, militante ambientalista col sogno di creare una comune poliamorosa nei boschi di Walthamstow.

Ho cercato di capire se Michael mi stesse giudicando o se piuttosto stesse entrando in competizione.

«Pieno di matti là fuori» ha commentato.

«L'umanità è divertente. Aiuta a passare il tempo» ho risposto.

«Non lo trovi frustrante?».

«Non particolarmente. Perché?».

«È difficile trovare qualcuno con cui cominciare qualcosa di serio».

Ho preso un altro sorso dalla mia birra.
«Cosa ti fa pensare che io lo stia cercando?».

La casa era un complesso di palazzi di mattoni scuri dietro Euston Station. La sua camera era come la immaginavo, fatta eccezione per le piante rinsecchite che si accumulavano in un angolo accanto al letto. Le aveva descritte come i suoi tentativi di cura. Del momento in cui siamo arrivati, la sera prima, ricordo solo un intenso odore di erba che permaneva un po' ovunque nell'appartamento. Il giorno dopo mi sono diretta verso la fermata di Warren Street mentre i primi studenti si avviavano all'università e i pazienti dell'University College Hospital si recavano ai loro appuntamenti. Ho camminato piantando bene un tacco dopo l'altro sul pavimento. Ero una ragazza con un vestito troppo corto e i capelli in disordine che attraversava la metropoli di prima mattina. Nessuno ha incrociato il mio sguardo quando ho preso posto nel vagone della metro, ma il mio corpo ancora indolenzito mi ha ricordato che esistevo. Le mani di uno sconosciuto erano state su di me solo poche ore prima, mi avevano afferrato la carne come un premio immeritato, una sorpresa.

Ho cercato innocenza sotto una doccia troppo calda, poi ho indossato i miei abiti da lavoro, ho raccolto libri e fotocopie e sono uscita di nuovo per incontrare i miei studenti. Seduta nei loro salotti sarei tornata a essere niente più che una persona stanca, soltanto una ragazza che cerca di farcela nella grande città.

Gli anni Novanta hanno allungato i loro tentacoli sulla provincia attraverso lo schermo della televisione. Da bambine, tornate da scuola, un nuovo racconto di femminilità ci arrivava addosso nella controra, lontano dalle suore maestre, dalle nostre madri crocifisse, dagli occhi lacrimosi della Vergine. Le ragazze avevano nomi nuovi, mai sentiti dalle nostre parti. Si chiamavano Ambra, Pamela, Miriana, avevano gonne cortissime e scarpe da ginnastica, saltavano da un lato all'altro del palco seguite dalla telecamera che ne cercava febbrilmente le gambe. Cantavano le canzoni d'amore dei grandi in playback tenendo il broncio, come fossero loro le prime ad annoiarsi. Le vedevi ridere quando durante i giochi a premi finivano sotto una cascata di caramelle alla liquirizia, le vedevi gridare quando invece a piovergli addosso era una secchiata di acqua gelida. In bilico tra innocenza e trasgressione, senza mai varcare alcuna soglia. Alle bambine della scuola cattolica che sarebbero diventate grandi, quei pomeriggi cominciarono a suggerire un modello praticabile. Nello studio televisivo una nuvola di adolescenti si distribuiva tra il bordo piscina e le palme artificiali dello sfondo, alcune giocavano nell'acqua con un pallone gonfiabile, del tutto disinteressate alle parole della conduttrice che prendeva le telefonate da casa. Un solo uomo nello studio, vestito da poliziotto, con occhiali a specchio e i muscoli ingrossati. Protezione e controllo. Separate dai maschi, protette ma in verità isolate, le brave ragazze di provincia sono entrate nell'adolescenza coltivando virtù e bellezza come fossero una sola cosa.

Le bambine della scuola cattolica le ritrovo poco più di vent'anni dopo, la pelle ispessita sotto le lampade invernali in vista della bella stagione, il rimmel passato compulsivamente sulle ciglia che già minaccia di cedere al calore di un mattino di maggio sulla banchina del molo Beverello, l'indomani dal mio arrivo. Riconosco Martina, la damigella d'onore, che inizia a muovere le braccia eccitata appena mi vede uscire dalla macchina. Mi prende in disparte e mi dice: «Fai presto, mettiti questa». Mi porge una coroncina di fiori bianchi, che vedo in testa ad altre dozzine di ragazze in partenza per Capri; come noi, anche loro stanno per raggiungere l'isola in vista di altrettanti identici addii al nubilato. Sul telefono mi raggiunge un messaggio di mia madre. *Manda foto*. Inizio a pensare che sia stata lei a suggerire alle ragazze di invitarmi, come alle feste dei primi anni del liceo.

È mattina inoltrata, il sole batte forte sulla mia testa e non mi accorgo dell'arrivo di Rossella se non per le grida che iniziano ad alzarsi tra le ragazze del gruppo: corrono verso di lei, la circondano, la perdo di vista. Quando esce dalla mischia sembra ancora più piccola di quanto ricordassi, sotto il velo di tulle bianco e la sciarpa piumata che le hanno messo al collo. Mi abbraccia e mi dice: «Non ci credo, sei venuta». Le sue ossa sono sottili, sottili e fragili, quando le stringo mi sembra sia fatta di solo respiro. Mentre Martina e le altre damigelle scattano foto di questo incontro, ci guardiamo e proviamo imbarazzo entrambe senza dircelo.

Il pontile della nave a mezzogiorno è pieno di ninfe ubriache e seminude che si offrono al primo sole della primavera. Martina mi presenta le altre, di cui rinuncio a trattenere i nomi fin da subito: sono le Angele, le Ilarie che al ginnasio mi passavano davanti senza salutare, quelle con la borsetta

Polo Ralph Lauren serrata sotto un braccio e l'ultimo modello di Prada argentate ai piedi. A stento tra di loro riconosco Agata, la mia vecchia amica Agata. La ricordo in un'aula vuota durante un'autogestione che mi mostrava a memoria una sequenza dei passi rubati dal video di *Jenny from the block.* Teneva il walkman in una mano e la testa bassa – come J. Lo quando viene ripresa a ballare dietro i vetri del suo appartamento – poi all'improvviso ci aveva messo dentro due salti incrociati di cha cha cha e aveva concluso il numero con braccia alzate e sguardo al soffitto. Fuori, lungo il corridoio, nel corso di *Uomini e Donne* le ragazze più popolari sfilavano e si lasciavano scegliere dai maschi per farsi invitare a un appuntamento "in esterna".

Per cinque anni la settimana autogestita di dicembre l'ho passata a giudicare le performance di una ragazza che aveva troppa paura di esibirsi in pubblico, dopo che uno degli studenti dell'ultimo anno le aveva lanciato addosso il resto del suo panino nell'aula di danza. Da quella volta Agata era stata ribattezzata Jennifer Lopez, ma non per il motivo che lei avrebbe voluto.

Sul battello per Capri la mia amica non è più la ragazza timida con l'apparecchio ai denti e il naso grosso che mi aspettava alla fine delle lezioni. Il suo viso è adesso pieno delle curve giuste, il naso porcino se ne va all'insù insieme alle labbra carnose e agli zigomi pronunciati.

Le ninfe ebbre di eccitazione gesticolano follemente e sotto il sole brillano le pietre dei loro anelli di fidanzamento, dei loro orecchini pendenti, delle catenine preziose. Una di loro è incinta al sesto mese e continua ad accarezzarsi serafica la pancia a contatto con il top di lycra che ne evidenzia la forma. Sono tutte lì per intrattenere Rossella, che sorride a ciascun aneddoto gentilmente, concede a tutte attenzione e interesse.

Martina dice che sul suo ragazzo ci ha dovuto lavorare, che per un anno ha continuato a elencargli tutti i buoni motivi per *fare il grande passo*, senza mai pronunciare la parola "matrimonio".

(Il ragazzo di Martina, ci scommetto, ha un profilo su Tinder. Raggio d'azione: 5 km, perché fino a Napoli solo per farsi una scopata proprio non ci va. Descrizione: crossfit guru, kite lover, relazione aperta. Interessato a: donne (20-45). Canzone inno: *Blurred lines* – Robin Thicke).

«Quando alla fine me lo ha chiesto, ha pensato fosse una sua idea e io gliel'ho lasciato credere».

Ridono tutte e io le osservo perdere il controllo dei loro visi, che si ricompongono solo quando una di loro viene intercettata con il telefono in mano per scattare una foto.

Un'altra dice che per accelerare il tutto si è dedicata notte e giorno ad aiutare il suo fidanzato con l'ultimo esame di Giurisprudenza, lasciando indietro quello di Letteratura moderna che lei avrebbe potuto ridare a settembre. Parlano dei loro uomini bambini, mettono a nudo i fili delle piccole manipolazioni quotidiane.

«Il mio l'ho fatto entrare a Medicina cinque anni fa. Abbiamo il cognome che inizia con la stessa lettera e al concorso ci hanno fatti sedere più o meno vicini. Gli ho detto che avrei sposato un dottore e che difficilmente avrei cambiato idea. Era già stato scartato due volte e ne avevo abbastanza di aspettare che si stancasse della PlayStation e si mettesse a studiare sul serio. Insomma, gli ho fatto tutto il quiz di cultura generale, gliel'ho passato sottobanco. La famiglia mi ha chiesto di scegliere una borsa da uno dei negozi del centro, a quel punto non è che ho fatto complimenti». Nel parlare tocca la Vuitton che tiene sulle gambe, gonfia di caramelle gommose e marshmallow rosa.

Guardo Rossella che sorride e annuisce ed è una piccola

madonna che non sa bene come andrà a finire. Nei pomeriggi distese sul pavimento con la televisione accesa, erano quelle le donne che avevano scelto di essere? Una linea retta, dal cortile della scuola cattolica alla chiesa, le brave ragazze, le ragazze perbene che hanno sempre detto di sì.

Quando la damigella col pancione rientra dal bagno della nave le zittisce tutte, fa cenno di avvicinarsi con la mano con cui ancora tiene il cellulare, eccitata. Conosco questo gesto, l'ho visto fare tante volte.

«Non sapete chi ha incontrato mia sorella in centro poco fa. Flavia Russo, ve la ricordate?».

Le ragazze si stringono tra loro, ci stringiamo, le nostre teste formano una cupola intorno a colei che dice di sapere.

«Flavia, quella che ha abortito a quindici anni. Faceva le magistrali quando noi eravamo dalle suore».

L'inciucio, il segreto che tutti sanno, è una tragedia altrui che si fa balsamo però sulla pelle di chi la racconta.

«Ho sentito che l'avevano mandata via in un collegio su al nord, che in città era stato uno scandalo. Praticamente lo sapevano tutti, stava con uno più grande».

«Eravamo piccole, ma mia madre diceva che era proprio una vergogna. Andavano a scopare alla cava».

Scopare: una parola che è già un giudizio.

«So che ha abortito in casa, di nascosto».

«Macché in casa! Era andata da una zingara».

«Era andata da sola in motorino in un paese vicino, perché in città i genitori li conoscevano tutti».

Le voci delle ninfe si sovrappongono in una corsa di aneddoti. Rossella guarda in basso, se ne tiene fuori, lascia fare alle dame.

«Comunque lo sapevano tutti e a scuola le suore non l'hanno più voluta».

«Ma sei sicura?».

«È sparita. Neanche la famiglia vive più in città. Tu non eri in classe con suo fratello?».

Le ninfe chiedono a me.

«Antonio, Tonio Russo. Non era in classe tua alle elementari?».

Il bambino silenzioso, quello che dormiva sempre con la testa sul banco. Col senno di poi rivedo un bambino vivace sedato dagli psicofarmaci, un bambino che nel mezzo del primo quadrimestre della quinta elementare a un certo punto non c'era stato più.

Il discorso si interrompe quando vediamo l'isola avvicinarsi. Di corsa raccogliamo le nostre cose e ci accalchiamo verso l'uscita. Al bancone del bar è rimasto solo un uomo che pulisce nervosamente la macchina del caffè.

L'isola è uno specchio colorato che ci viene addosso e si confonde col mare. Nei fine settimana di maggio si riempie di donne vestite di bianco che portano simboli fallici in parata fino alla piazzetta, dove si lotta per un tavolino nella penombra alla ricerca di qualche celebrità di cui raccontare a casa. Martina ha prenotato un hotel ad Anacapri e arriviamo alla reception che siamo già un po' brille. Appena preso possesso delle camere, inizia la fase della prima vestizione, a cui ne seguiranno molte altre, per ogni luogo che visiteremo. Le schiene nude, gli abiti a fascia, i pantaloncini che lasciano scoperte le natiche lavorate a fatica nelle ore di pilates.

«Se Giuseppe mi vedesse così» ride una. «Vi prego non fatemi foto».

Le ninfe ridono sul taxi che ci porta al faro, ridono ai commenti e agli sguardi dei vecchi che aspettano il bus; lusingate dai fischi volgari dei passanti, le ragazze perbene se ne vanno in punta di piedi tra la ritrosia e lo scandalo, si confondono tra i loro corpi uguali e gli atteggiamenti a lungo provati in vista della rappresentazione ufficiale. Sull'isola in cui tutte ritornano vergini per un fine settimana, le sole gambe aperte sono quelle del faraglione.

«Esprimete un desiderio e che sia d'amore» dice il nostro marinaio mentre guida velocissimo il gommone verso l'insenatura, lasciandosi scomparire alle spalle le mura rosse di Villa Malaparte. Le ragazze perbene sorridono a occhi chiusi mentre io scatto loro una foto. Una volta raggiunto l'altro lato l'uomo rallenta la corsa e si gira verso di noi, da bravo guardiano, assicurandosi che nessuna manchi. Protezione e controllo.

IT'S A MATCH! [BEN, 39]

Io e Ben abbiamo fatto *match* mentre facevo colazione allo Starbucks dell'Highbury Corner. Lo avevo scelto perché mi piacevano le foto del suo profilo che erano sature dei colori giusti, i verde prato, gli arancione vintage, i giallo canarino. Erano scorci di vita di festival in cui lui era ritratto accanto a una tenda o ai piedi di un palco. In tutte le immagini mostrava le braccia ricoperte di bellissimi tatuaggi. Sull'avambraccio destro ero riuscita a decifrare una grande balena disegnata a linee nere finissime, mentre sulla spalla sinistra portava un orso riprodotto da un bestiario medievale. Faceva il maestro alle elementari e anche lui, per il modo in cui si esprimeva, trasudava un non so che di tenero e infantile. Aveva i capelli rosso ruggine nascosti da un cappellino bianco da baseball tenuto al rovescio. Le scarpe bianche, di tela, erano sporche di fango da chissà quanto tempo.

Descrizione: solo classici, mai bestseller. Raggio d'azione: 5 km. La distanza dalla sua casa allo skate park di Southbank. Interessato a: donne, uomini (25-55). Canzone inno: *A charming man* – The Smiths.

Ci siamo incontrati al Café Oto di Dalston dopo aver chattato di letteratura per qualche giorno. Una ragazza giapponese aveva appena finito una performance di poesia elettronica. Alla tastiera del computer aveva improvvisato versi che in tempo reale venivano proiettati alla parete, mentre un musicista dietro la console mandava suoni *glitch* e distorsioni. Lo spettacolo era una metafora dell'energia rinnovabile contro il cambiamento climatico.

Ben non era un grande fan della letteratura contemporanea. Il suo libro preferito era *Moby Dick*.

«Anche io lo amo molto» gli ho detto. «Ci sono davvero momenti così nella vita. Cammini e ti trovi all'improvviso dietro la processione di un funerale...».

«... e allora hai bisogno di prendere il mare» ha aggiunto lui. Mi raccontò che era proprio quello che aveva fatto quando era partito per l'Europa con l'ex moglie, una ragazza che aveva sposato appena compiuti ventun anni. A Perth frequentavano la stessa comunità metodista, stavano insieme da quando di anni ne avevano sedici.

«Hai sempre pensato che vi sareste sposati?».

«Non ho mai pensato il contrario» mi ha risposto. Quando però era arrivato il momento di rientrare in Australia lui le disse che avrebbe preferito restare in Inghilterra. «Sai cos'altro diceva Melville?» ha sussurrato come qualcuno che sta per rivelare un segreto. «Ci sono due posti al mondo dove un uomo può far perdere le proprie tracce, uno sono i mari del Sud, l'altro è Londra».

Dopo qualche mese passato a distanza, Ben aveva finalmente trovato il coraggio di chiedere il divorzio. Da quel momento l'intera famiglia lo aveva tagliato fuori.

«Non mi rispondono più alle telefonate, mi hanno bloccato su tutti i social. Tutti tranne mio fratello minore, a dire il vero, ma anche lui ha cancellato le foto in cui siamo insieme».

«Lo avranno obbligato a farlo» gli ho detto, e lui ha stretto le spalle.

«Se tornassi a casa sarei sempre l'uomo che passeggia in coda a tutti i funerali. E tu?».

«Non riesco davvero a immaginarlo» ho risposto senza pensare troppo. «Sarebbe un vivere a metà».

«In che senso?».

«Trovare un compromesso tra la persona che senti di essere e quella che invece gli altri vedono in te».

«Beviamoci sopra» ha concluso, forzando un sorriso che gli ha restituito tutti gli anni che aveva.

Siamo finiti a passeggiare lungo Dalston Kingsland selezionando musica a caso dal suo telefono fino a che non siamo arrivati agli Smiths. Ben si è messo a cantare ad alta voce *Panic in the streets of London*, mi ha preso sottobraccio e ha buttato fuori il cuore sui versi finali – *hang the dj*, *hang the dj*, *hang the dj* – come se tutte le storture del mondo non fossero state altro che una brutta canzone messa su da un idiota che comanda la playlist.

Quando siamo arrivati davanti alla sua porta mi ha guardato dalla testa ai piedi. «Hai molto stile» mi ha detto. «Staresti benissimo nella mia camera». Non mi sono chiesta con quante persone avesse già usato quella frase e se avesse mai funzionato. Ho assecondato quel sentimento di accoglienza che nasce tra due sconosciuti quando mettono a confronto le reciproche ferite. Le nostre anime erano mutilate di radici che però tornavano a visitarci come un arto fantasma, solo per farci sentire dolore.

«Non voglio che facciamo sesso» mi ha detto sulla porta di casa. «Voglio solo dormirti accanto».

Ho annuito e lui mi ha lasciato entrare.

Nel cuore della notte ho ripensato a una cosa che Ben mi aveva detto al pub. «E se avessero ragione loro? Se fossi davvero io quello sbagliato?».

Mi sono alzata piano per andare in bagno, cercando di non fare rumore. Sulla scrivania, illuminata dalle luci dei lampioni, c'era una foto di Ben insieme a un altro ragazzo di poco più giovane. Entrambi avevano il volto truccato di glitter e il petto nudo. Erano a un festival pieno di persone e si tenevano per mano.

Dai vialetti interni dell'isola a notte fonda ancora giungono voci ubriache, rumore mal cadenzato di tacchi, risate soffocate sottovoce, i pensieri del fornaio che si avvia a preparare i cornetti, quelli dell'amante che scivola via da lenzuola non sue. Rossella è nel buio del giardino dell'hotel, seduta sul muretto di pietra che delimita l'aiuola. È bella, bellissima e silenziosa come l'immaginetta di Maria che le suore mettevano in premio.

Mi dice: «Vieni qui, non abbiamo per niente parlato».

«Sei stanca?».

«Non ancora».

Mi dice: «Le ragazze sono matte, ma mi vogliono bene». Mi dice: «Grazie per essere venuta, era importante» e mi suona sincero.

Tra le mani tiene l'intimo di pizzo bianco che qualcuna di loro le ha fatto trovare sul letto della camera.

«Avrete speso una cifra» osserva, e non mi guarda. Ha le guance arrossate dal sole della mattina. «Se io non ci fossi, se questo matrimonio non ci fosse, mi chiedo cosa farebbero tutti per passare il tempo». Quando si rende conto del modo in cui sono suonate le sue parole ci aggiunge un sorriso, che però funziona come un audio su un'immagine fuori sincrono. Mi racconta che sua madre ha pensato a tutto, l'appartamento è quasi pronto, i suoi genitori ci porteranno i mobili durante il viaggio di nozze. Luca voleva andare in Polinesia da sempre.

Rossella, la sposa dall'abito bianco come tela bianca su cui disegnare i desideri e le aspettative degli altri. Una bambola che scompare sotto le maniche a sbuffo e i fiocchi e gli strati di tulle.

Secondi di silenzio si interpongono tra le nostre parole, entrambe sappiamo che stiamo imparando di nuovo a parlarci.

«Sono felice che tu mi abbia invitata» le dico.

«In che senso?».

«Non me lo aspettavo. Era tanto che non stavamo io e te da sole, a raccontarci le nostre cose».

«Sei andata via così presto».

«Non così presto» preciso.

Mi domanda se ci sia qualcuno a Londra che si occupa di me. Dice così, seleziona questo verbo: *occuparsi*. Le sorrido e allargo le braccia come chi sta per dire qualcosa di ovvio, ma lei è seria e mi guarda già come una madre, di quelle con lo sguardo appesantito da una delle loro croci.

«Clara, lo sai cosa intendo. Voglio solo sapere se sei felice. Sei innamorata? Stai con qualcuno?».

«Sono due domande diverse con due risposte diverse» le dico. «La prossima volta».

«Mi dispiace, questa è una cosa che dovrei sapere» sussurra.

«In che senso?».

«Avrei dovuto cercarti di più. Ho pensato spesso di scriverti negli ultimi anni» dice quasi a giustificarsi «poi però non l'ho fatto. Ho avuto vergogna».

«Di cosa?».

«Mi sono riletta e mi sono sembrata sciocca. Chissà che avresti pensato».

Mi fa strano vederla così, lo sguardo un po' spento, senza quel guizzo di eccitazione che di solito la animava all'inizio di ogni nuovo gioco.

«Facciamo sempre in tempo a ricominciare» le dico.

«E da dove?».

«Scegli tu».

Allora forse, mi dice, forse ricomincerebbe dal cortile della scuola. A voce grossa e tremante tira fuori l'imitazione della sua vecchia suora: «Occhi bassi e compostezza!» ripete puntandomi contro il dito. «Chi si loda si imbroda!» le faccio eco io, tirandomi giù gli occhi con le dita a simulare la faccia di un mastino. Questo scambio ci fa sempre ridere come la prima volta.

«Lo sai che ancora lo sogno?» dice Rossella, tornando seria. Fa una lunga pausa, ma la domanda resta tra noi. «Il cortile» aggiunge sottovoce. Mi racconta della ragazza di cui parlavano oggi sulla nave, la stessa che una volta l'aveva fatta tornare a casa coi pantaloni bagnati. Una volta l'aveva vista nei bagni con un ragazzo più grande ed era andata a dirlo alla suora, per istinto e un po' per vendetta.

«Il giorno della processione, quando mi sono resa conto che la ragazza non c'era, ho avuto paura. L'avevano sospesa».

«Paura di cosa? Che scoprisse che avevi fatto la spia?».

«Non credo fosse quello».

«E cosa allora?».

«Mi ero sentita soddisfatta. Aveva sbagliato ed era stata punita».

Rossella parla piano, pensa ad alta voce, le sue parole sono intrecciate al suono dei grilli nella notte dell'isola che è già quasi mattina, poi il rumore del cancello di ferro ci coglie di sorpresa. Insieme ci voltiamo verso l'ingresso del giardino, dove una delle damigelle si avvicina a passo irregolare con i sandali tra le mani e i piedi scalzi. L'accompagna il ragazzo dai pettorali gonfi con cui l'abbiamo vista ballare tutta la notte alla taverna. Provo a immaginare il suo profilo Tinder, uno di quelli col raggio d'azione che non va oltre i confini dell'isola. Descrizione: pirata romantico, re del mojito. Canzone inno: *L'amour toujours* – Gigi D'Agostino.

Mia cugina mi lascia l'intimo di pizzo bianco tra le mani e si muove verso l'amica per aiutarla.

«Troviamo del tempo per noi» mi dice voltandosi a metà percorso tra me e la ragazza ubriaca. «Ho bisogno di parlarti, ma con calma».

Ci salutiamo per tornare a letto mentre il sole sorge, le navi ricominciano ad andare e venire dal porto e anche noi presto ritorneremo a casa.

IT'S A MATCH! [TOMÁS, 33]

Tomás l'ho incontrato per una combinazione di algoritmi dopo settimane passate a navigare tra proposte di sesso sadomaso, orge, uomini appassionati di trekking e ragazzi coi bicipiti pompati ritratti accanto al braccio della loro ex, ancora parzialmente visibile. La sua foto era caricata al contrario, a testa in giù, cosa che mi aveva costretto a girare lo schermo del telefono per guardarlo meglio. Sul profilo diceva di essere di Buenos Aires, ma che a Londra aveva imparato a parlare del meteo. Ascoltava hardcore punk, che in genere significa che sei incazzato col sistema perché hai il cuore buono. Ho fatto *swipe right*, mentre da qualche parte in quella città gigante sotto l'ultima pioggia estiva anche lui stava facendo lo stesso.

Ci siamo dati appuntamento un venerdì sera nel cortile dello Strongroom, a Shoreditch. Lavorava per gli studios, era un ingegnere del suono, aveva appena staccato dal turno e mi aspettava al tavolo di legno compilando un quaderno ad anelli gonfio di numeri e simboli. Era alto, più alto di quanto mi aspettassi, i capelli lunghi tenuti dietro con un elastico lo facevano sembrare un Gesù appena rientrato da una giornata di surf. La prima cosa che ha fatto è stata prendermi la mano e controllare se avessi ancora la ferita della foto profilo.

«Vedo che il tuo dito sta meglio» mi ha detto.

Deduttivo. Razionale. Premuroso.

Quel gesto fatto tutto di testa, a esprimere una constatazione, l'ho interpretato subito nel modo sbagliato: un gesto tenero, attento, anziché formale. Ancora non lo sapevo, ma lo stavo imparando – lo avrei imparato – che la formalità è il mantello sotto cui si nascondono le persone restie a cedere le redini ai sentimenti. Portava una spilla di Charles Darwin su una giacca verde da soldato, aveva letto tutto *L'origine delle specie*. Mi ha parlato brevemente della sua famiglia: il padre ingegnere, la madre impiegata. Era arrivato qui da adolescente per seguire sua madre dopo il divorzio. Lei lo aveva messo in una *boarding school* e si vedevano due o tre volte all'anno, sempre e solo a cena. Riusciva a ricordarla solo dai gomiti in su. Il padre invece lo sentiva al telefono quando giocava l'Argentina.

«Alla lunga le relazioni ti rendono infelice» ha detto, come a vendermi il surrogato di un'illuminazione. «I compromessi ti rendono infelice sempre».

Ho provato per lui in quel momento un sentimento di profonda e ingiustificata tenerezza che faceva a pugni con i suoi tratti sicuri e appuntiti. Il suo corpo spigoloso sembrava fatto apposta per attrarre e respingere. Mi sono trovata a pensare come fosse stare dentro un suo abbraccio, se quegli arti lunghi e ossuti ne avessero mai performato il gesto.

Quando mi ha chiesto perché avessi lasciato l'Italia ho mentito. Gli ho detto che era stato per motivi accademici.

«Cosa studi?» ha domandato gentile, interessato o forse solamente formale. Chissà se aveva letto anche lui quell'articolo sulla metro tempo prima, se sapeva che avrebbe dovuto fare molte domande per dimostrare di essere uno che sapeva ascoltare.

«Scrittura creativa» ho mentito ancora, ma non del tutto. In effetti quello sarebbe stato il mio piano, chiedere un prestito, fare domanda per una borsa di studio, ma dopo due anni di lavoro non ci avevo più provato. Pur di non chiedere soldi a mio padre, ci avevo rinunciato. Imbavagliare il mio sogno nella forma di una richiesta, dovergli poi essere grata e riconoscente, giustificargli ogni centesimo, riportare il senso di ogni decisione come a uno sponsor aziendale: tutto questo mi toglieva l'aria solo a pensarci.

«Dunque scrivi» mi ha detto.

Ho annuito abbassando lo sguardo, forse per la vergogna inclusa nell'atto di scrivere in sé oppure per aver smesso di farlo. Gli sono stata grata di non aver chiesto oltre.

Tempo dopo, quando quel corpo estraneo mi avrebbe fatto caldo a letto, nella notte, quando avrei conosciuto a memoria la sensazione del pavimento della sua stanza contro i miei piedi nudi, allora gli avrei detto della storia dell'architetto, di quella mano rugosa e ispida che prendeva la mia e del senso di colpa profondo che ancora mi attraversava, quando pensavo a quella scena. Mia madre che non mi aveva detto "non è colpa tua", gli avrei detto di mia madre, gli avrei parlato della vergogna. Tomás mi avrebbe abbracciato senza stringere troppo, come si fa con un passero caduto dal ramo, come si fa per cautela, come fa chi è sempre attento a non lasciarsi andare troppo oltre per paura di essere frainteso.

Quella prima sera abbiamo camminato lungo il canale verso Victoria Park, con le volpi che uscivano dai cespugli a controllarci il passo. La coincidenza delle nostre reciproche solitudini ci ha fatti cercare e poi ci ha tenuti vicini. La mattina dopo, tornata nella mia camera singola a due chilometri di distanza, ho cercato sul vocabolario l'etimologia della parola "coincidenza", il cui primo significato, ho scoperto, è "cadere insieme". Altre coincidenze: due cose che avvengono contemporaneamente; due treni che si incrociano e ti fanno proseguire un viaggio. Vedi anche: combaciare.

Nonostante tutto continuo a pensare a due corpi che cadono nello stesso momento e disperati si sfiorano. Tomás, come me, stava cadendo da tempo. Glielo leggevo nel rigore e nella razionalità che indossava come una corazza per evitare il contatto con la carne viva. Siamo diventati bravi a riempire il nostro tempo di futilità per non pensare troppo.

Gli ho detto che lo amavo dopo circa un anno dal nostro primo appuntamento, alla fine della terza stagione dei *Soprano*, che stavamo guardando daccapo, per conforto.

(Rivedere cose già viste: questo gliel'avevo insegnato io, perché nessun imprevisto ben architettato nella sceneggiatura potesse turbarci fino in fondo).

L'episodio si era chiuso con uno dei personaggi che si esibiva in un'antica canzone napoletana, un dettaglio che avevo dimenticato. Quella sera non mi è tornata indietro nessuna risposta, e così ci siamo addormentati. Il mio era stato un tentativo, un colpo di scena mal posto. Sapevo benissimo cosa pensava Tomás rispetto all'amore, che è una trappola che esiste per invogliare la specie a progredire e lui non ci sarebbe caduto: non c'era niente di così buono nell'uomo da concedergli il privilegio di andare avanti. Io non ero del tutto d'accordo, ma nel frattempo era bello coltivare insieme l'inutilità, intrattenerci senza un fine, tirandoci fuori dal sistema che vuole ogni cosa produttiva, perfino le relazioni. Ho ripetuto più volte a me stessa che non importava: finché ci saremmo stati entrambi, mi sarebbe andata bene.

L'appartamento di mia nonna è in un vecchio palazzo su una traversa del corso Giannone, a ovest del bosco della Reggia. Per arrivarci a piedi devo superare il ponte di Ercole costeggiando le mura del Palazzo Reale e passare oltre il semaforo, dove se ne stanno da sempre i senegalesi con secchi di acqua saponata e stracci per lavare i vetri alle macchine che aspettano al rosso. Quando mi avvicino mi offrono il palmo della mano callosa, ci scambiamo un cinque, mi chiedono come va a Londra, se la mamma è contenta. Sanno tutto di noi, mentre a stento noi conosciamo il loro nome.

Ogni tanto, quando mi affaccio sulla strada principale incontro qualche collega di mio padre o qualche vecchio amico di famiglia. Mi riconoscono a distanza e mi tengono a parlare mai troppo e mai troppo poco. Non importa quanto tempo sia passato o quanta confidenza ci sia tra di noi, in pochi minuti sono in grado di raccontarmi con trasporto dei figli lontani, delle loro recenti analisi del sangue, del lavoro che ha perso il cognato, che adesso sta in cassa integrazione, del nipote che gli è nato in qualche città del nord. Sono incontri brevi che mettono alla prova l'empatia, ogni volta. Ti allontani che ancora ci pensi, che magari non ricordi il loro nome, ma in fondo ti auguri che riescano a vedere presto il nipotino, che gli assomigli un po', perfino, e che le prossime analisi rivelino valori più equilibrati.

Caserta non mi manca mai, ma a volte mi manca quando ci sto. Mi manca ciò che non è mai stata e che avrebbe potuto essere per la mia generazione, quella cresciuta a ridosso del nuovo millennio, senza un cinema, senza una biblioteca, senza luoghi di ritrovo in cui sostare a raccontarsi e a immaginare un futuro. Ho imparato presto a non giudicare soltanto un ridicolo cliché la nostalgia di altre gioventù, quelle dei miei genitori per esempio, fatte di un panino e una chitarra al parco, alla sede del partito, all'oratorio. Dalla generazione che aveva condiviso tutto, siamo stati cresciuti con la promessa che non avremmo dovuto condividere niente. Abbiamo avuto tutto nostro e in questo privilegio ci siamo ritrovati più soli. Ci hanno detto che eravamo speciali, ma per esserlo appieno avremmo dovuto allinearci a tutti gli altri, ugualmente eccezionali seguendo un unico tracciato ben preciso.

La città punta il dito sui ventri vuoti, su chi sceglie egoisticamente se stesso, senza pensare che i nonni sono liberi e aspettano solo che gli venga riempita la vita; le madri in menopausa sole, in pensione, lasciate dai mariti per le badanti delle suocere; negare loro un bambino, alle loro braccia assetate, avide di amore, cosa faranno con tutto quel tempo che pensavano di spendere per gli altri?

Mia nonna ha novant'anni e vive con una signora napoletana di cinquanta che si chiama Alba. La aiuta nelle piccole cose di tutti i giorni, anche se il più delle volte credo sia mia nonna ad aiutarla a stare fuori dai casini. Alba ha un passato da alcolizzata, ma grazie alla parrocchia è riuscita a venirne fuori. Si è salvata da un marito violento, che l'aveva cacciata via di casa. Aveva vissuto in un centro antiviolenza per un po' di tempo, poi le mie zie hanno messo in giro la voce che a mia nonna serviva un aiuto e padre Vincenzo le ha messe in contatto. Alba è magrissima, tanto magra che i vestiti le cadono dai fianchi. Certe volte li compra al reparto bambini perché si risparmia e le taglie le vanno anche meglio; per questo motivo veste quasi sempre di rosa e quando la vedo seduta accanto alla nonna, davanti alla tv del soggiorno, mi vengono in mente quei collage che giustappongono immagini lontanissime nel tempo e nello spazio.

Casa di mia nonna è ancora quella dove mia mamma e le mie zie hanno abitato da ragazze, quella dove noi bambine venivamo a giocare e a fare i compiti dopo la scuola. Da quando sono andata via, dopo il secondo anno di università, ci sono tornata pochissime volte da sola. È una casa buia, con un quadro di Padre Pio dallo sguardo severo, che pare seguirti quando ti muovi lungo il corridoio, più varie immagini angeliche dipinte a olio in colori fiammeggianti, che mia nonna aveva voluto comprare da un vecchio senzatetto all'ingresso della Reggia.

I pranzi di Natale e quelli di Pasqua mia madre li organizza da noi perché qui non c'è spazio per tutti. C'è sempre stato a stento, da quando la nonna ha deciso di murare completamente il salone, ma questo prima che io e Rossella fossimo nate.

La storia l'abbiamo saputa piuttosto tardi.

Nel '79, al funerale di mio nonno, in chiesa si era presentata un'altra donna con due ragazzini, un maschio e una femmina. Lei si chiamava Imma, come mia zia, mentre lui si chiamava Manfredi, che era il nome del primo bambino che mia nonna aveva avuto, morto dopo soli cinque mesi per una polmonite. È così che ha scoperto all'improvviso di non essere la sola. Accanto a lei c'era una famiglia parallela costruita sulla distanza Caserta-Napoli e su una carriera di piccolo imprenditore che portava nonno Alberto sempre in giro per qualche motivo. La verità, se ce n'è una, è che nostro nonno non apparteneva a nessuna delle due famiglie. Col suo portamento da Frank Sinatra napoletano riusciva a farti sentire la persona più importante del mondo per quei pochi secondi in cui ti rivolgeva la sua attenzione. Mia nonna se ne era innamorata quasi subito. Nonostante fosse già promessa al figlio del salumiere – il *povero* Peppino – non aveva esitato a cambiare idea quando nonno Alberto era passato dalla merceria di famiglia a chiedere la sua mano. La vergogna, dopo la sua morte, è stata affrontata con compostezza, benché per anni, ogni volta che mia nonna o le sue figlie venivano viste passare per strada, un'eco di sussurri le seguisse fin sotto la porta di casa.

La città aggiunge e sottrae dettagli alla loro storia durante la fila al supermercato, alle poste, sui gradini della chiesa. Nelle case vicine, i genitori delle brave ragazze dicono delle nostre madri che sono figlie dello *scuorno*, che il loro stesso padre le teneva nascoste.

Una cosa che la gente non racconta sono le sedute spiritiche che mia nonna ha iniziato a organizzare nel salotto di casa a pochi giorni dal funerale del marito. Zia Imma aveva un'amica, una ragazza che andava in giro vestita di pashmine e puzzava sempre di incenso. Leggeva il *Libro tibetano dei morti*, era esperta di pratiche di meditazione, partecipava ai gruppi di autocoscienza femministi. Lei sapeva come parlare con le anime che ancora non erano transitate attraverso il purgatorio. Il nonno era morto in quella stessa stanza, sarebbe stato facile entrare in contatto con lui per chiedergli spiegazioni.

Io me la immagino Caserta alla fine degli anni Settanta, tra l'esplosione della controcultura che si contendeva gli spazi con le frange della discomusic. Mi immagino gli studenti in costante rivolta, in ritardo rispetto alle grandi città, gli slogan rimasticati, scritti sui muri per fare colpo sulle compagne. Mi immagino il cerchio composto da mia nonna, mia madre e zia Imma, allora adolescenti, la giovane medium e la signora Cartagine, la migliore amica di mia nonna, che abita ancora al piano di sopra. Il tutto durò tre settimane, un tentativo ogni mercoledì sera, più o meno intorno all'orario in cui il nonno era stato ritrovato sul pavimento, colto da infarto.

Eppure qualcun altro continuava a presentarsi.

Nella vulgata familiare il nome veniva raramente ripetuto, si trattava di un maresciallo morto in un incidente aereo poco dopo la guerra. Era un'anima piena di rabbia, che tornava a chiedere notizie della sua compagna, la quale, dopo la sua morte, era stata costretta dalla famiglia a prendere i voti. Dopo quel primo incontro, le partecipanti alla seduta spiritica si riproposero di cercare prove dell'esistenza dell'anima vagante e le trovarono. All'archivio del quotidiano locale, la notizia dell'incidente aereo riportava tra le vittime il nome impronunciabile del maresciallo. La seconda e la terza volta – nonostante le donne continuassero a invocare l'anima di Alberto, affinché, almeno da morto, potesse rispondere a mia nonna delle sue azioni – il maresciallo continuò a tornare nella stanza. Preso da attacchi d'ira muoveva oggetti, facendoli volare da una parte all'altra del salone, minacciando di infestarlo per sempre se non lo avessero messo in contatto con la sua promessa sposa.

La storia continua con la nonna che corre di notte alla casa del parroco implorando il suo aiuto e subendo un rimprovero severo per aver partecipato alla seduta spiritica. Il salotto di casa fu esorcizzato e mai più utilizzato. Anche mia nonna, dal canto suo, esorcizzò la storia dello scandalo chiudendola nello scomparto più remoto della sua testa e dimenticandone la chiave. Regalò alla parrocchia i vestiti del defunto per recuperare di nuovo il rispetto del prete. Le rimaneva, di suo marito, la collezione di gioielli che lui usava portarle al rientro dei suoi viaggi di lavoro: ametiste, collane d'ambra, anelli di rubino e smeraldi, punti luce adamantini. Molte di queste pietre, avrebbe poi scoperto, erano false quanto le buone intenzioni di mio nonno, ma non aveva importanza. Scintillavano ugualmente in lontananza sul suo abito da vedova, le domeniche mattina sulla strada per andare a messa. Passando davanti alla salumeria, raccolta dentro la sua pelliccia, non dimenticava mai di lasciare un sospiro di rimpianto per il povero Peppino, nonostante tutto.

«Caduta di dente morte di parente» continua a ripetermi mia nonna mentre si dondola sulla sedia. Alba ci ha portato il caffè e ci ha lasciate sedute a chiacchierare, principalmente dei preparativi del matrimonio, degli abiti che indosseremo, di quelli indossati in passato per altre cerimonie.

Nonna mi ha raccontato un sogno che ha fatto una decina di giorni prima. Era in questa stanza piena di dolci e torte decorate a più piani, la sala di un enorme ristorante di lusso, e più avanzava verso la tavola più notava di avere qualcosa nella bocca. Fermandosi, si rendeva conto che le erano caduti tutti i denti e si metteva a sputarli a uno a uno raccogliendoli tra le mani.

Nella mia famiglia i sogni spesso hanno fatto scelte al posto nostro. Evitare un investimento rischioso, perdonare un tradimento, accettare o lasciar perdere un lavoro. «Caduta di dente morte di parente» dice mia nonna sulla sedia a dondolo, e si fa il segno della croce mentre Alba le porta via la tazzina.

Con lentezza nonna si alza dalla sedia e mi indica di seguirla nella camera da letto. La stanza è buia, le serrande sono abbassate, come a proteggere il sonno di qualcuno. Senza accendere la luce raggiunge il cassetto dove tiene i suoi gioielli, vi immerge la mano, quando la estrae muove tra le dita una manciata di pietre verdi, una collana.

«Tieni, portati queste, indossale al matrimonio. Fatti bella. È un vecchio regalo del nonno, ma io che me ne devo fare, ormai è passato il mio tempo».

La ringrazio senza aggiungere altro. Scesa dal palazzo, metto la collana nella tasca e proseguo verso il centro lungo il cancello del parco reale. Le pietre false, le false promesse, il sigillo di un patto a cui mia nonna aveva aderito. Dopo cento metri faccio quasi per gettarle oltre le sbarre bianche, nella sterpaglia bassa che anticipa gli alberi del bosco, poi mi fermo. Un po' d'amore deve esserci pur stato, che andava da lui a lei, da lei a lui e, attraverso loro, a me. Lo rispetto, anche se non lo perdono. Del resto, non spetta a me farlo.

La notte cala sulla città bassa come una controra senza luce. È un maggio insolitamente caldo, ma il fresco arriva dal bosco in cattività e allora gli cammino accanto lungo i cancelli. Mi lascio dietro le spalle la casa di mia nonna, mentre attraverso il corso e tengo la conta dei nuovi cocktail bar. Ai giardini della Flora gli studenti del quarto anno si appoggiano ai motorini parcheggiati sul marciapiede chiacchierando, alcuni mangiano un gelato, altri rollano goffamente una sigaretta. Le loro voci si sollevano leggere, ancora un anno li separa dagli esami e dieci euro in tasca per la benzina bastano a farli sentire potenti. Vorrei sapere se sono innamorati e di chi. Se lo hanno detto agli amici oppure se lo tengono dentro. I ragazzi ridono e si danno pacche troppo forti sulle spalle come hanno visto fare agli adulti. Qualcuno si incazza, poi fanno pace, sciolgono una pietra di fumo, cala il silenzio.

Penso di scrivere a Tomás, invece entro su Tinder e comincio a sfogliare profili dimenticando per un momento di non essere più a Londra. Lo schermo si riempie di pettorali abbronzati e foto in barca. Al posto degli hipster androgini di Hackney, ci trovo aspiranti imprenditori con occhiali da sole a specchio e il torso ben depilato. A mezzo chilometro da me qualcuno cerca "donne concrete, non contenitori vuoti", mentre guarda l'orizzonte da una terrazza di

Positano con una camicia di lino immacolata, il regalo della ragazza che lo ha appena mollato. All'impegno politico esibito come una personalità si sostituisce un'ironia vernacolare fatta di mezze frasi in dialetto, che fa più sentimento, perché l'italiano è un vestito ma qui ci si mette a nudo. A due chilometri da me, Marco, 32 anni, invita le donne a cercare un uomo che le guardi come lui guarda un bel piatto di mozzarella in carrozza. Poco più in là c'è Franco, 42 anni, foto profilo sulla muraglia cinese. La sua vita è un romanzo e sta cercando la donna giusta che lo scriva. Scorro i profili l'uno dietro l'altro, mi intrufolo tra i maschi della città per vedere chi è rimasto, chi è cambiato e come. Qualcuno lo riconosco dietro la barba e i muscoli pompati, così grossi da sembrare un travestimento di gommapiuma. In questa galleria di personaggi identici, sospendo il dito su una foto in bianco e nero. C'è una donna di spalle con una veste da notte, mentre dell'uomo si vedono solo le mani che le stringono le cosce. Erotico d'autore anni Sessanta.

Chi sei quando nessuno ti vede?

Lo domanda Riccardo – 55 anni, architetto – sotto l'immagine del profilo. L'utente si trova a meno di trecento metri, una distanza che mi fa alzare lo sguardo in modo istintivo.

È mezzanotte, i giardini sono semideserti, tutti i ragazzi sono tornati a casa. Soltanto una coppia passeggia verso di me in lontananza a passo lento e un po' brillo, sbandano dolcemente, per poi riprendersi. Arrivati sotto la luce dei lampioni l'uomo si accorge della mia presenza e spinge la ragazza verso una stradina laterale che li riporta verso il centro. Riconosco i suoi occhi aguzzi e d'ambra, come quelli di un coyote. Lei avrà avuto poco più di vent'anni.

Il giorno in cui ho compiuto ventotto anni ho lasciato uno spazzolino nuovo a casa di Tomás. Lui ha fatto finta di non notarlo, ma io ho preferito pensare che lo avesse visto e che gli fosse andato bene. Non gli piacciono i gesti plateali, quelli troppo retorici. Quella specie di assenso lo avevo preso come un regalo e me lo ero stretto forte al petto durante la notte. Quando per intere settimane lui si sarebbe chiuso nello studio di registrazione dietro un nuovo disco di giovani promesse, quell'oggetto gli avrebbe ricordato di me. Anche non volendo gli avrebbe ripetuto, mentre si preparava a uscire, che nella sua vita si era concesso di far entrare un'altra persona. Quando ci pensavo mi sentivo felice, allenata da sempre a non chiedere per non provocare una di quelle sue risposte capaci di desertificare anche il fondo di un oceano.

Diceva che gli facevo troppe domande. Gli chiedevo se con me stesse bene, se gli piacessi, quanto mi desiderasse. Quando passavamo la notte insieme, soprattutto nei periodi in cui non ci vedevamo spesso, prima di addormentarci avevo preso l'abitudine di cercare da lui delle conferme, qualcosa che mi assicurasse che quella non sarebbe stata l'ultima volta. Mi diceva allora che non davo importanza al momento, che non tutto doveva essere spiegato, che se era con me era perché non voleva essere altrove. Invece di rasserenarmi quella spiegazione mi faceva sprofondare in un pozzo di petrolio nero e appiccicoso. Accanto a lui, in certi momenti, mi sentivo come uno di quei piccoli gabbiani nei video di Greenpeace, con le piume bagnate e pesanti, le zampine incollate al terreno. Colpevole di aver accettato le sue regole senza aver saputo imporre le mie, me ne stavo anch'io intrappolata sulla spiaggia.

«Perché lo vuoi sapere?» mi chiedeva. «Non conta di più che siamo qui, ora?».

«Devo sapere che ci saremo anche dopo» rispondevo.

«Le parole non sono mai una garanzia. Ogni volta che dici qualcosa hai il cinquanta percento delle possibilità di contraddirti in futuro. È tantissimo. Non credi?».

Tomás non sopporta l'incoerenza. Se prima l'attribuivo a una faccenda culturale, adesso la ritengo una questione di comodità, un modo facile per uscirne bene in ogni situazione: non esporsi, non dire.

«Se ti dicessi di no, che non ti desidero come mi desideri tu... se ti dicessi che questa è l'ultima volta che ci vediamo, ti rovinerei anche questo momento» ha aggiunto una sera.

C'è un punto preciso nel *Giovane Holden*, in cui il protagonista spiega al lettore quanto per lui sia importante sapere di essere in un posto per l'ultima volta. Essere presenti all'addio, ricordare quelle ultime immagini, metterle a fuoco per sempre consapevoli del fatto che non ci sarà un'altra occasione. Investire in dettagli di solennità. Volevo questo davvero? O forse quello che cercavo era una forma di controllo, non avendone affatto? Sapendo che sarebbe stata l'ultima volta, non avrei piuttosto provato con tutte le parole che avevo, con tutti gli spazi del mio corpo, a fargli cambiare idea?

Nei periodi di lontananza cercavo dettagli sui musicisti che avrebbero registrato il prossimo album negli studios in cui lavorava. Quando erano donne le misuravo in bellezza, mettendo il mio corpo a confronto. Ne uscivo sempre sconfitta. Perché Tomás avrebbe dovuto preferire me? Le altre erano giovani, la loro pelle era liscia e rosea, avevano i tatuaggi giusti, il bollino blu su Instagram e Twitter, erano ragazze sottili, eteree, desiderabili. Al contrario, io ero solo un altro corpo affaticato che per nove, dieci ore al giorno correva dentro e fuori dalla metro con una borsa piena di libri e fotocopie senza alcun glamour, per riuscire a pagare l'affitto anche quel mese. «Ancora per un po'» dicevo «per mettere da parte qualche soldo prima di iniziare a scrivere sul serio». Lo dicevo sempre.

Avrei voluto dirgli che quello che avevamo il più delle volte non riusciva a rendermi felice, avrei voluto dirglielo e avere la forza di non cercarlo più, ma non lo facevo mai. *Per adesso ho questo*, mi ripetevo. Avrei potuto non averlo affatto.

Un giorno ho trovato delle forcine sul ripiano polveroso della sua cassettiera. Era la conferma che vedeva anche delle altre. Ho ingoiato il mio nodo alla gola e invece di chiedere spiegazioni mi sono proposta di fare lo stesso. Il nostro era una specie di patto che non ricordavo di aver firmato e a cui tuttavia volevo tenere fede.

Il compleanno di Tomás cade la prima settimana di giugno. Non gli ho mai fatto un regalo, ma ho sempre conosciuto bene la data. Lui preferisce che passi inosservata, salvo poi finire ogni anno nel pub degli studios a bersi l'intero stipendio in compagnia dei colleghi. Una volta, l'unica volta in cui abbia mai osato regalargli qualcosa, gli ho lasciato in tasca due biglietti per Venezia. Ne avevamo parlato in passato: tempo prima gli avevo sentito dire che aveva bei ricordi della laguna. C'era andato da bambino, prima del divorzio dei suoi, poi insieme avevano proseguito per Monza, dove avevano fatto tappa per il gran premio di Formula Uno. Da lontano aveva pure visto Schumacher, mi aveva detto.

Gli ho imposto quel viaggio come un'imboscata. In quel modo avrei raggiunto il bambino che era stato e gli avrei chiesto di maneggiare il mio cuore con cura, da lì a un milione di anni, quando sarebbe arrivato il momento.

Ho sempre amato, per tutti gli anni a venire, il Tomás che ho conosciuto alla laguna. In quei giorni il sole l'ha attraversato con prepotenza, raggiungendo ogni ombra più remota che si portava dentro. È stato un tempo circoscritto, circolare, perfetto, in cui ci siamo adattati ai rispettivi linguaggi. Col mio corpo ho preso tutto quello che non avevo il coraggio di chiedere a parole, e il suo mi rispondeva con una tenerezza nuova, fatta di gesti minimi e sinceri. Nella laguna l'ho perdonato per riuscire in qualche modo a perdonare anche me; mi aspettavo da lui delle risposte senza accorgermi che le stavo cercando da entrambi. Ancora oggi ripenso all'ironia di quelle circostanze. Il solo luogo in cui siamo esistiti davvero – noi due insieme – è stata una città che non esiste. Un posto senza strade sotto i piedi, con superfici d'acqua come specchi lungo i quali abbiamo preso a camminare mano nella mano, per non andare a fondo.

Dopo Venezia, Tomás si è chiuso nello studio di registrazione per circa un mese, così sono tornata da sola alla mia piccola stanza dall'altra parte del parco.

Mi ha cercato di nuovo un venerdì sera di inizio estate. I prati di Londra si erano fatti gialli per un'ondata di caldo e io boccheggiavo sul divano di casa insieme ai gatti della mia coinquilina.

Andiamo a prendere un po' di fresco? mi ha scritto. Ormai non provava neanche a giustificarsi più di tanto.

Ho lasciato passare un minuto prima di rispondergli.

Dove sei? ho digitato.

Vicino a Trafalgar Square.

Perfetto.

L'ho raggiunto un'ora dopo all'ingresso della National Gallery, mi ha salutato con un bacio sulla guancia poi si è affrettato in direzione dei locali interni con aria condizionata. Abbiamo passeggiato attraverso molti secoli prima di arrivare alla stanza dei *Bagnanti* di Seurat. Fuori c'era l'estate ormai rovente di Londra, il chiasso delle automobili e dei turisti, ma dentro il quadro era un tiepido pomeriggio domenicale.

«Qui ci vengo spesso da sola» gli ho detto.

Lui ha accennato un sorriso sbilenco, come a dire *Sei sempre la solita*. «A fare cosa?» ha chiesto invece.

«La maggior parte delle volte resto a osservare il bambino, quello che è appena emerso dall'acqua. Lo vedi?».

Il bambino dei *Bagnanti ad Asnières* ha le mani che gli coprono la bocca come ad amplificare un grido, un messaggio diretto a qualcuno dall'altra parte del fiume.

«Passo il tempo a immaginarmi cosa stia dicendo» ho spiegato.

Un giorno avevo scoperto che la riva opposta era stata dipinta da Seurat in un altro quadro – *Una domenica pomeriggio sull'isola della Grande-Jatte* – conservato a Chicago. A differenza dell'opera della National Gallery, i protagonisti di questa scena sono personaggi di una certa statura sociale, persone perbene. Indossano gli abiti costosi della domenica, che coprono i loro corpi castigando ogni centimetro di pelle, nonostante il caldo.

Nessuno dei presenti sembra davvero felice. Il messaggio lanciato in lontananza dal bambino è per loro, ma forse non riescono a sentirlo. Sono troppo impegnati a mostrare decoro – a simulare decenza – per fare quello che invece vorrebbero davvero. In quello sguardo perso verso l'altra sponda sognano di sfilarsi via gli abiti, buttarsi nell'acqua, prendere grandi bracciate e poi restare a galla a fare il morto, lasciando che la corrente li porti leggeri verso l'altra riva, nudi.

L'ho raccontato a Tomás.

«Allora siamo dalla parte giusta della riva» mi ha detto.

«Tu credi?».

Ha annuito.

«Non la vedi quella ragazza a pancia in giù che sta leggendo un libro?».

«La vedo. E quindi?».

«Quella sei tu. Io invece sono l'uomo vestito di bianco, poco distante».

Mi sono avvicinata alla tela per osservare meglio come a tagliare uno strato di foschia tra i colori pastello.

«Non lo so» ho risposto. «Non mi piace».

«Che cosa non ti piace?».

«Siamo vicini ma anche lontani, nessuno dei due si cura dell'altro».

«E allora?».

«A questo punto preferisco pensare che tu sia quel ragazzo seduto sulla riva, con le gambe nell'acqua».

«Curioso» ha detto lui. «Quel ragazzo è da solo».

Ho scosso la testa. Sapevo che non avrebbe capito.

«Lo vedi quel cappello da donna che gli sta accanto? È un regalo per me. Io sono fuori dal quadro, tu mi stai aspettando e non vedi l'ora di vedermi di nuovo».

Rossella e Luca si sono conosciuti nel viaggio studio che avevamo fatto insieme in Inghilterra, alla fine del quarto ginnasio. Quell'estate, prima della partenza, mia madre aveva insistito perché giocassi con la nipotina dei vicini durante una cena. La bambina aveva avuto da poco la varicella e si vedeva ancora qualche crosta. Mi era stato detto che se l'avessi tenuta a distanza sarei stata poco cortese e che in ogni caso non era più contagiosa. Passai la serata accanto a lei con estrema riluttanza, mentre gli adulti ridevano a voce alta prendendo in giro la serietà con cui affrontavo la prospettiva del mio primo viaggio studio all'estero.

Com'era prevedibile mi ammalai e fui costretta a restare l'intera seconda settimana chiusa nella camera del college. La professoressa che faceva da capogruppo ogni tanto veniva a portarmi da mangiare e a misurarmi la febbre, che per i primi tre giorni oscillava tra i trentanove e i quaranta. Rossella divideva la camera con me e mi aiutava quanto poteva, cercava di portarmi fotocopie e quaderni con gli esercizi del corso d'inglese della mattina, anche se i miei occhi non riuscivano a sostenere la luce né il bianco della pagina.

Il sabato rimasi completamente sola. Anche se la febbre ormai era scesa, la mia faccia restava un campo di battaglia. Avevo un lettore cd e passavo le ore ad ascoltare *Kid A* dei Radiohead che avevo comprato la settimana precedente, in una stazione di servizio di ritorno da Stratford-upon-Avon. Mi alzavo dal letto solo per cercare compulsivamente pile stilo, rubandole dalla sveglia, dal telecomando, da una piccola torcia che avevo trovato in valigia.

Il programma del fine settimana prevedeva una gita a Brighton con passeggiata tra i negozi del centro e il pomeriggio alle giostre del Pier, il pontile di legno sul mare che era una specie di luna park, una festa perenne sospesa sull'acqua. Quando rientrò quella sera, Rossella mi disse che non era stato proprio niente di che, anzi, che quasi si era annoiata. Sapevo bene che lo diceva solo per non darmi un dispiacere.

Dal corridoio le risate eccitate delle altre ragazze si alzavano e si soffocavano a intermittenza, diffondendo un profumo di zucchero fortissimo. A Brighton c'è un negozio di caramelle a ogni angolo. Sono botteghe piccole con dolciumi di tutti i tipi, di ogni forma e colore, di ogni gusto. Mia cugina aveva preso dalla borsa un sacchetto di carta bianca, che mi allungò. C'erano liquirizie filanti e marshmallow, bottigline di Coca-Cola gommose e orsetti color smeraldo.

«Quella no» aveva detto quando, senza badarci troppo, dalla busta avevo tirato fuori una gelatina a forma di fatina rosa, con le ali e tutto. La prese dalle mie mani e la poggiò sulla scrivania comune, ai piedi del mio letto. Estrasse dalla tasca la sua Kodak usa e getta e scattò una foto. Nel girare rumorosamente la rotellina di plastica della macchinetta mi guardava ed era rossa in viso. Mi raccontò che Luca, il figlio della professoressa che ci accompagnava in viaggio, le si era seduto accanto sulla strada di ritorno. Le aveva regalato lui quella caramella e poi le aveva offerto uno dei suoi auricolari per ascoltare insieme un po' di musica. Rossella aveva accettato senza dire niente e aveva guardato a terra tutto il tempo, ma quando lui le aveva preso la mano lei gliel'aveva stretta di rimando.

Il giorno dopo entrambi si erano ritrovati sul campo sportivo del college, dove alcuni dei nostri compagni avevano improvvisato una partita di calcio insieme a un gruppo di studenti spagnoli. Luca giocava in una delle due squadre, mentre Rossella insieme ad altre ragazze sedeva su una panchina a guardare.

All'inizio sentirono solo i rumori delle motociclette truccate in lontananza, poi li videro spuntare dal viale d'ingresso del college. Indossavano giacche di pelle e avevano i volti coperti da passamontagna neri, portavano bastoni e piedi di porco sottobraccio. Qualcuno scese dalla moto per lanciarsi contro i ragazzi confusi e pietrificati, altri invasero l'erba brandendo ciascuno la propria arma come una lancia da un cavallo in corsa. «*Death to latinos*» gridavano, poi picchiavano forte le schiene di chi non era abbastanza veloce da mettersi al riparo. Colpivano indistintamente italiani e spagnoli, nessuno capiva davvero cosa stesse accadendo. Mentre scappava verso il nostro studentato, Rossella era inciampata ed era finita a terra. Da lontano uno dei membri della gang l'aveva vista e aveva iniziato a correre verso di lei, quando all'improvviso si era sentita sollevare per il retro della felpa.

«Stai bene?» le chiese Luca, con i capelli ancora sudati dalla partita. «Adesso seguimi». La prese per un braccio e insieme ripresero la fuga senza badare alle fitte forti nei fianchi, alla nausea e ai loro cuori che cercavano di liberarsi da quei corpi con la forza di chi prova a sfondare una porta blindata. Trovarono riparo nel refettorio, entrando dal retro. La domenica il servizio era chiuso agli studenti, ma alcuni addetti allestivano lo spazio in anticipo per la colazione del lunedì. Luca chiuse la porta dell'uscita d'emergenza dietro di sé.

«Ora siamo al sicuro».

Strinse Rossella tra le braccia fino a quando non le si calmò il respiro. Quella sera mia cugina non mi raccontò con precisione quanto tempo avesse passato in quell'abbraccio, ma io mi figurai un intervallo piuttosto lungo prima che lui le prendesse il viso tra le mani e le appoggiasse sulle labbra un bacio che sapeva ancora di Gatorade all'arancia. Era andata così quella prima volta, con un ragazzo che sembrava più grande, uno con le Nike ultimo modello e i capelli biondi che gli si aprivano sulla fronte, quello che le altre guardavano di nascosto, voltandosi di scatto ogni volta che lui avrebbe potuto accorgersene.

Le sere successive all'attacco degli skinhead, Luca iniziò a bussare dopo cena alla porta della nostra stanza, gentilmente, che a stento se ne percepiva il rumore. Rossella usciva e si sedevano nel corridoio a raccontarsi cose in forma di sussurri, le loro schiene contro la porta. Quando succedeva, io aumentavo il volume della mia musica. Ero gelosa, sì, di quella cosa strana che stava accadendo là fuori, quella cosa che capitava ad altri, da cui ancora una volta io venivo tagliata via, incapace di comprendere. Quell'improvviso rossore, lo scorrere del sangue caldo, pompato dal cuore veloce, velocissimo, e poi l'esperienza, l'avventura del nuovo: ecco cosa invidiavo. Il ragazzo di per sé neanche mi piaceva. In particolare mi infastidiva quell'ordine che indossava come una divisa. In lui si concentrava tutto quello che non mi interessava: i vestiti di marca, gli occhiali da sole prima di entrare in classe, un'ossessione per la carriera futura (avrebbe fatto il notaio, lo sapeva da sempre). Di mia cugina invece non sopportavo la fragilità, che accanto a lui sembrava perfino accentuarsi. Iniziai a sospettare che fosse caduta di proposito quel giorno – per essere raccolta – perché una storia così sarebbe stata bella da raccontare e allora tanto valeva correre il rischio. Per quale altro motivo altrimenti non si era rialzata? Per quale ragione se non perché aveva deciso di lasciarsi salvare fin dall'inizio? Odiavo il fatto che quella caduta avrebbe condizionato per sempre la narrazione del loro rapporto, quella della principessa in pericolo e del coraggioso cavaliere senza macchia. Aveva almeno provato a rimettersi in piedi? Perché non ci era riuscita da sola?

Agli altri comunque Rossella e Luca insieme sembravano perfetti, e la notizia di quella storia nuova fu accolta con favore dalla nostra famiglia. Lui era un bravo ragazzo, figlio di una professoressa del liceo classico e di un collega avvocato di mio padre. «Non ha un fratello?» aveva detto mia madre per scherzare, sentendosi simpatica. «Se inizi a curarti un po' di più, vedrai che troverai anche tu un fidanzatino. Perché non cominci con un po' di aerobica?».

Il secondo anno Luca e Rossella erano la coppia più famosa dell'istituto, quella che vinceva miss e mister liceo all'autogestione, quella che al parcheggio dei motorini veniva guardata con occhi sognanti dalle bambine delle medie, oltre il muretto che divideva i due complessi scolastici.

In quello stesso periodo Rossella cominciò a ricevere ingaggi regolari per le sfilate. Era fuori spesso insieme alla sua amica Leo, soprattutto nei fine settimana di primavera, quando si iniziava a saltare la scuola se la giornata era calda per sfrecciare da un punto all'altro della città sui motorini senza casco. Qualche volta Luca la andava a prendere a Napoli, si faceva accompagnare dalla madre con un mazzo di fiori e poi lui e Rossella tornavano insieme in macchina con zia Imma. La sua famiglia era fiera del fatto che fosse riuscito a conquistare la ragazza più bella della scuola, che in quegli abiti da sposa ci entrava ogni volta come se dovesse procedere verso l'altare a momenti, nonostante la giovane età. La famiglia di Rossella, dal canto suo, era sollevata che quella prima storia seria fosse capitata col figlio di un professionista.

Poi c'era Rossella. Lei era felice perché Luca era bello e popolare, ma non era come gli altri ragazzi del classico, quelli che con le moto i venerdì sera, dopo aver portato le ragazze a casa, se ne andavano allo strip club Le Venery sul viale Carlo III. Con qualche soldo in più rubato a casa, finivano con le ballerine dietro un cespuglio, nudi ma col casco in testa per non essere riconosciuti da nessuno. Era una cosa che capitava spesso, riti di iniziazione di provincia in cui – si raccontava – molti studenti andavano a perdere la verginità sempre con la stessa prostituta, dietro le stesse siepi, e ogni tanto qualcuno veniva sorpreso dalla polizia. Il casco era una forma di protezione tramandata dall'esperienza, come il profilattico. Ma tutto questo non era Luca, e soprattutto non era Rossella, la cui verginità iniziò a diventare motivo di vanto a tavola durante le nostre domeniche in famiglia.

Quanto a me, nel periodo di Natale accettai l'invito del ragazzo della fumetteria a fermarmi per un caffè alla fine del suo turno. Si chiamava Francesco, portava sugli occhi una lunga frangia scolorita di biondo e le sue unghie erano sempre ricoperte di smalto nero mordicchiato. Era la persona più vicina a un punk che avessi mai incontrato e questo mi piaceva parecchio. Iniziammo a frequentarci come coppia quasi subito dopo il nostro primo appuntamento, senza mai allontanarci troppo dai portici della fumetteria. Già dopo un paio di settimane entrambi eravamo visibilmente a disagio nel trovare argomenti di cui parlare. La sola cosa che restava da fare era baciarci contro le colonne, ma faceva troppo freddo e non c'erano altri posti dove andare per stare da soli. Un giorno per scherzare gli domandai cosa avesse chiesto a Babbo Natale e lui mi rispose: «Una fidanzata». Lo trovai un po' sfigato e lo mollai la mattina della vigilia. A Capodanno lo vidi passeggiare sul corso con la sorella di un suo amico e notai che si tenevano per mano. Tutto sommato ne fui felice. La fine del nostro rapporto si era risolta abbastanza bene per entrambi: lui aveva trovato la sua fidanzata e io avevo guadagnato un ex di cui parlare a mia cugina.

Al quarto anno i miei voti di fisica a stento rasentavano la sufficienza. Il mio libro era intonso, non riuscivo neanche ad aprirlo, lo detestavo. A gennaio mia madre decise di pagarmi delle lezioni di recupero per non ritrovarmi con un debito a fine anno che avrebbe compromesso la mia estate, e di conseguenza anche la sua tranquillità. La signora da cui andavo abitava lontano, ben oltre il ponte, nella zona dove facevano il mercato il sabato mattina. Non era una strada da fare a piedi, così due volte a settimana mi ci accompagnava con la macchina uno dei miei genitori subito dopo pranzo.

Un giorno ci trovai anche Luca.

La prima settimana non scambiammo parola. Morivo dalla voglia di chiedergli come mai fosse lì, lui che aveva notoriamente una pagella perfetta. Anche in quelle ore di recupero riusciva a finire gli esercizi in pochi minuti, mentre io restavo a osservare la pagina senza che la penna lasciasse segno per minuti interi.

«6--» mi disse alla fine di una delle nostre lezioni. «Ho preso 6-- all'ultimo compito di fisica» ripeté.

Era per questo che aveva deciso di fare ripetizioni. Mi disse che puntava alla media del 9, che avrebbe avuto la media del 9 a fine anno altrimenti non avrebbe retto suo padre. Poi volle sapere di me.

«4» risposi, mentre lui si accendeva una sigaretta. Lo trovai un gesto gentile, per evitare ogni commento.

«Fumi?».

«No. E comunque sta per arrivare mia mamma» aggiunsi, per non sembrare una terribile sfigata, ma forse dando esattamente quell'impressione. Luca non era così magro come avevo creduto (aveva forse cominciato ad andare in palestra), i capelli pettinati con il gel gli si aprivano sulla fronte emanando un fortissimo odore di cocco, il maglione Ralph Lauren blu col cavallino rosso segnava la sua appartenenza al gruppo dei ragazzi più in vista del liceo. Era la prima volta che parlavamo da soli, così da vicino. Scivolare pochi centimetri più in basso dal gradino dell'eccellenza lo aveva reso una persona visibilmente più accessibile.

Quelle chiacchiere pomeridiane tra la fine della lezione e l'arrivo di mia madre diventarono un appuntamento fisso. La settimana dopo mi chiese notizie di Rossella, fu allora che scoprii che avevano smesso di sentirsi.

«Da quanto tempo?».

«Un mese oggi».

Gli dissi che non ne sapevo niente. Non ci avevo fatto caso. Era la stagione in cui mia cugina passava i fine settimana a Napoli, cominciava il venerdì e finiva la domenica per le collezioni dei designer che presentavano negli alberghi a quattro stelle della costiera.

«Non parliamo molto in questo periodo, forse dovrei chiamarla. Immagino sia distrutta» commentai.

Mi prese del tutto di sorpresa sapere che era stata lei a lasciarlo.

Era successo così: lo aveva chiamato un pomeriggio in cui i miei zii erano fuori. Lui aveva preso il motorino e l'aveva raggiunta, pensando che fosse una buona occasione per passare del tempo in casa da soli. Nella testa aveva tutt'altri pensieri, quando invece lei gli disse che non se la sentiva, che aveva bisogno di spazio e che non era più sicura di niente. Iniziai a comprendere l'origine di quel brutto voto che a lui pesava così tanto.

«Mi dispiace» dissi, poi presi da terra lo zaino e corsi verso la macchina di mia madre.

«A domani» mi disse.

A domani, pensai.

Quella sera stessa Luca mi contattò sulla chat del liceo sul server che usavamo per scaricare canzoni e contrabbandare versioni di greco. Quando gli chiesi come avesse fatto a trovarmi disse che era stato facile, che il mio nickname era il titolo della canzone che tenevo scritta dietro la copertina del mio diario. *Fake plastic trees* era il mio pezzo preferito dei Radiohead. Ogni anno lo ricopiavo per averlo sempre con me, come un amuleto.

Ti senti così? mi chiese.

Così come?

Come l'unica donna reale in un mondo fatto di plastica.

Purtroppo no, gli dissi, *non ancora. Ma ambisco a diventarlo.*

La canzone parlava di una città in cui le persone innaffiano piante di plastica su un terreno artificiale. Le vedevo con chiarezza quelle villette a schiera tutte uguali, abitate da facce che si assomigliavano, con gli stessi sorrisi di circostanza. Mi suonava maledettamente familiare.

Mi resi conto solo allora che Luca aveva aperto il mio diario. Mi disse che aveva visto le mie poesie e la cosa mi provocò imbarazzo, come se mi avesse sorpresa nuda o scomposta, colta in un atteggiamento inappropriato.

Non le ho lette, mi rassicurò, *ho solo sfogliato*. Mi fece promettere di mostrargliele. Restai vaga, sperando che se ne dimenticasse.

Rimanemmo a chiacchierare fino a qualche minuto dopo la mezzanotte. La stanza era illuminata solo dal chiarore bluastro dello schermo, le ore erano passate liquide tra le nostre dita che si muovevano sulla tastiera nel silenzio della casa. Questo nuovo ragazzo che stavo conoscendo aveva ben poco a che fare con quello che avevo immaginato dai racconti di mia cugina. Glielo dissi, poi mi pentii subito di avergli ricordato di lei.

Cos'è che ti diceva? digitò.

Gli dissi che in verità non parlavamo molto, mai di cose troppo personali, o almeno non più, da un sacco di tempo. Per quello adesso c'era Leo. Sapevo che in passato Luca aveva fatto per lei cose molto romantiche perché Rossella lo aveva raccontato in famiglia.

Sono un romantico, confermò.

Aspettai un po' a dire la mia. Gli confessai che mi aveva sempre dato l'idea di uno che amava i grandi gesti solo per essere visto.

In effetti ho sempre pensato di starti antipatico. E che la cosa sarebbe stata reciproca, rispose, *invece...*

Invece cosa?

Sei una bella sorpresa. Dovresti mettere più spesso la testa fuori.

Restai per alcuni lunghissimi attimi a contemplare lo schermo del computer nella stanza immobile.

Però mi devi spiegare una cosa, riprese.

Quei minuti passati ad aspettare la seconda parte del suo messaggio mi sembrarono contenere la storia di un'intera civiltà. Poi finalmente il messaggio comparve.

Quei vestiti larghi, i pantaloni maschili... se facessi qualche sforzo in più, saresti proprio carina.

Il cuore, che nell'attesa era arrivato su fino a occupare tutto lo spazio dei polmoni, mi era piombato nello stomaco in un movimento secco. Il mio cuore, nello stomaco, come quei grafici che rappresentano il peso di un buco nero sul piano spaziale. Ecco un'altra persona che si preoccupava di dirmi come sarei dovuta essere, trasformandomi in un disegno sbagliato da correggere.

Eppure l'aveva detto: *saresti carina*.

Mi addormentai in un modo diverso quella sera, guidavo i miei sogni verso un'adolescenza in cui io non ero io, un universo nuovo in cui io ero Rossella e per la prima volta sentivo davvero l'attenzione di un ragazzo sulla pelle.

Quelle poche volte in cui riuscii a fare la strada da sola con Rossella senza Leonora al rientro da scuola, non parlammo mai di Luca. Mi aveva chiesto come stesse una sola volta, dopo che le avevo detto delle ripetizioni di fisica, ma poi aveva liquidato velocemente l'argomento.

Io e Luca cominciammo a scambiarci cd masterizzati ogni settimana, un'idea che era partita da lui, stufo di essere preso in giro per la sua scarsa cultura musicale. Aveva gusti commerciali da *Top of the Pops*, con una passione per le colonne sonore dei film, soprattutto dei colossal hollywoodiani e dei college movie tipo *American Pie*.

Nella vita di Luca esisteva un film per ogni situazione e ogni concetto poteva essere espresso attraverso una scena precisa. In famiglia girava ancora la storia di quella volta in cui, per il primo San Valentino insieme, aveva regalato a Rossella un supporto per modellare l'argilla, poi aveva fatto partire la canzone di *Ghost* e insieme avevano provato a ricreare la scena del vaso senza troppo successo. Zia Imma raccontava di aver dovuto pulire tutto, l'argilla si era incrostata sulle mattonelle e quell'aggeggio era rimasto inutilizzato a occupare spazio in un angolo della cucina, ma era stata un'idea romantica e alle colleghe aveva raccontato nelle lunghe pause caffè di quanto fosse fortunata sua figlia.

Un'altra volta verso Natale, dopo un litigio, Rossella aveva aperto la porta di casa e aveva trovato Luca con una serie di cartelli che sfogliava l'uno dopo l'altro, come nella scena di *Love Actually*, il film che avevano visto insieme al cinema la domenica precedente.

Un giorno di primavera lui si offrì di accompagnarmi a casa alla fine delle lezioni.

«Sicuro?» gli dissi.

«Certo» rispose «ci mettiamo molto meno ad attraversare la città in motorino, nell'ora di punta. E poi fa notte tardi, l'aria è bella. Non ti va?».

«Certo che mi va» risposi, e forse troppo in fretta, perché sentii scoppiarmi sulla faccia un calore strano.

Mia madre non ebbe problemi ad acconsentire. Si fidava di Luca, lo conosceva. Col motorino che tagliava veloce la periferia della città, il profumo dei gelsomini mi arrivava forte addosso, come una signora che ti si accosta per baciarti la guancia appena dopo essersi spruzzata dell'acqua di colonia. Intenso e fresco, e la luce intensa e fresca, pure.

Ci misi un po' prima di notare che Luca non mi stava riportando a casa.

«Speri che Rossella ci veda?» gli gridai all'orecchio appena rallentò il motorino per fermarsi al semaforo.

«Qui? In questa zona? Direi di no. Se avessi voluto ti avrei portata in centro».

Gli chiesi dove fossimo diretti.

«Porta pazienza» rispose.

Alle cinque del pomeriggio di una bella giornata di aprile il sole non è alto ma tutti i riflessi dorati si appoggiano sul bianco delle cave. Parcheggiammo la Vespa blu elettrico al centro del cratere con ancora una nebbia di polvere che si sollevava dal terreno per il nostro passaggio. Mi disse di aspettarlo lì mentre si dirigeva verso un cespuglio di rovi che spuntava oltre le pietre. Quando tornò indietro aveva sottobraccio uno skate. Mi chiese se avessi mai provato, gli dissi di no e allora me lo lanciò tra le braccia. Mi impegnai a starci in equilibrio ma caddi al primo tentativo di fare qualche metro, allora mi sfidò a provarci ancora e ancora. Ci alternavamo su una stretta lingua di asfalto che si perdeva nella terra biancastra. Quando toccava a lui si esibiva in movimenti complicati, pivot completi e cambi di direzione, poi con una tavola di legno montata sopra una grossa pietra ricavammo una rampa e saltò anche quella, finendo a terra tra la polvere nell'ultima parte del movimento. Invece di generare frustrazione, quei tentativi falliti ci rendevano complici. Ci aiutavamo ad alzarci e a rimetterci a posto a vicenda.

Dopo aver raccolto un numero sufficiente di cadute, ci sedemmo su un blocco di marmo al centro di quella montagna mangiata dalle ruspe, ascoltando musica dai nostri lettori cd fino a quando non furono entrambi scarichi. Avevamo passato a ripetizione *Territorial pissings* dei Nirvana perché il resto del disco era tutto graffiato, ma ci andava bene così. Ammazzare la melodia era uno dei pochi atti di ribellione che riuscivamo a concederci esulando dal senso di colpa.

Cobain aveva scritto quella canzone pensando ai maschi delle specie animali portati per istinto a segnare il territorio e a difenderlo con la violenza, tutti incluso l'uomo.

«È così» disse Luca. «È come dice la canzone». Con la stessa espressione seria che metteva su durante le interrogazioni alla cattedra, spiegò che l'uomo prendeva tutto per natura, che quello non era altro che il suo lato animale. La cosa grave però, aggiunse, stava nel fatto che questo comportamento fosse stato accettato socialmente, in molti casi perfino incoraggiato. L'idea del maschio di successo era equivalente a quella di un predatore capace di imporsi sugli altri. «Quando non lo fa con la violenza lo fa con il potere, e questo è il punto a cui siamo arrivati da quando eravamo tutti solo delle scimmie».

«Non troppo lontano dunque» commentai.

«Ci penso spesso ultimamente, soprattutto durante le lezioni della Letizia».

«Ti iscriverai a Filosofia, allora? Hai deciso?» gli chiesi con entusiasmo.

«Nah» rispose «farò Legge, come vuole mio padre. Ma va bene lo stesso, ha ragione lui».

«Che vuoi dire?».

«L'idea non mi fa impazzire, ma mi darà accesso a una posizione seria, avrò un ruolo importante e non dovrò chiedere niente a nessuno».

Lo guardai, perplessa di sentirlo parlare in un modo tanto calcolatore. «Dici davvero?».

Emise un sospiro di resa.

«È difficile stare al passo anche per noi, cosa credi?».

«Noi chi?» chiesi ancora, questa volta ridendo. Mi veniva difficile immaginarlo in una categoria diversa da quella dei ragazzi di successo, quelli che nella vita sarebbero caduti sempre in piedi, qualsiasi cosa dicessero i suoi risultati di fisica.

«Intendo noi maschi» rispose. «Dobbiamo mostrarci sicuri e forti se non vogliamo finire dall'altra parte della linea».

«E la linea sarebbe...?».

«La linea del campo da gioco. Come succede a quelli che vengono scelti per ultimi quando si fanno le squadre e alla fine restano in panchina. Li hai mai visti? Non ti fanno pena?».

Rimanemmo entrambi in silenzio per qualche secondo, col rumore dell'aria mossa dalle automobili che sfrecciavano sulla variante per Maddaloni.

«Cobain però diceva anche un'altra cosa» aggiunsi io.

«E cioè?».

«Che bisogna trovare un modo per uscirne» gli dissi,

citando alcuni versi del ritornello. Ma a quel punto nessuno dei due stava più parlando della canzone.

Quel giorno lessi a Luca una delle poesie che avevo scritto sul mio diario di scuola, senza mai guardarlo negli occhi. Era quella in cui immaginavo di essere un fantasma che entrava di nascosto nei salotti dei nostri genitori, per controllare che fossero davvero felici anche quando non si sentivano osservati da nessuno. Pensavo che ne avrebbe riso, ma non disse niente.

Imparai di lui che aveva avuto un passato da ginnasta, che da bambino lavorava agli anelli e che aveva lasciato dopo un attacco di panico avuto mentre stava in equilibrio sulla trave. Non lo aveva detto a nessuno, a casa aveva comunicato di essersi stufato e meglio così, gli atleti comunque non si godono la vita quanto i notai, aveva concluso, anche se un po' quella palestra gli mancava. A casa Luca era sempre solo. Suo fratello, di quindici anni più grande, era andato via presto per frequentare l'accademia militare. La Vespa gliel'aveva regalata sua madre per tenerlo fuori di casa quando l'interruzione degli allenamenti gli aveva lasciato troppo tempo libero.

«So che lei si vede con uno» confessò. «Mio padre credo che lo sappia, ma non se ne fa mai parola».

«Va avanti da molto?».

«Da quando è morto mio nonno, credo, forse un paio d'anni... ha smantellato la casa del vecchio mentre era in ospedale in fin di vita. Ha dato via tutto, non è rimasto più niente, e adesso in quell'appartamento ci scopa col suo amante, posso scommetterci la testa. Quando ci penso vorrei distruggere tutto, andare lì con una mazza da baseball e fare fuori tutte le lampade di design che ha comprato per creare atmosfera».

Osservavo Luca che si osservava le mani mentre parlava di sua madre. Le teneva chiuse in due pugni stretti.

«Qualche volta io vedo mia madre piangere» confessai «poco prima di cena, quando rientro senza fare rumore. Se si accorge di me prende un libro e finge di aver appena alzato gli occhi da un punto commovente della storia».

Il mondo dei nostri adulti ci si rivelò in quel momento come il paese dove le felicità andavano a morire.

La cava vista dall'interno era uno spettacolo siderale. Diventava squallido solo se con la mente ti sforzavi di tornare a cosa fosse davvero.

«Promettimi una cosa» disse Luca, arrampicandosi su una roccia a qualche metro di distanza. «Non dire mai ad alta voce che questo posto è solo una montagna».

«E cosa sarebbe allora?» gli gridai dietro.

«Lasciamogli pensare di essere la luna».

Il brecciolino e la polvere creavano delle dune, dalle quali ogni tanto spuntavano erbacce disordinate, siringhe e profilattici usati, buste di plastica. La montagna cava, la montagna mangiata, la montagna morta. A occhio nudo se ne vedevano gli strati.

Una torta.

Delle terrazze.

Il fianco di una piramide.

Poi c'eravamo noi, a occupare l'assenza di materia con i nostri corpi, a immaginare di muoverci tra le radici profondissime e la roccia, a portare sulle spalle tutto il peso della crosta terrestre, e poi a liberarcene.

Ci rendemmo conto di quanto si era fatto tardi quando intorno a noi cominciò a comparire qualche lucciola, nonostante non fosse ancora notte. Gli dissi che era strano, che adesso avrei associato quella specie di discarica a qualcosa di bello. Lui mi spostò i capelli dal viso con le mani, poi mi baciò sulle labbra come si baciano i bambini. Un piccolo gesto, sfuggente, che c'era stato per non esserci già più.

Nel 1974 una donna chiamata Jenny James arrivò a Burtonport, il posto più remoto dell'Irlanda occidentale, e lì comprò una grande casa per dodicimila sterline. Sull'ingresso, a grandi lettere rosse e nere, una scritta diceva ATLANTIS. Era il nome della comune che da quel momento in poi vi si sarebbe insediata. Chi decideva di prendervi parte rinnegava la società così com'era diventata, un posto in cui agli uomini era imposto di non piangere mai e alle donne veniva detto di starsene zitte. Atlantis sarebbe stata il nucleo di un nuovo corso, la cui unica regola era quella di non reprimere più nessuna emozione.

All'interno della casa una piccola rampa di scale dava accesso a uno scantinato le cui pareti erano ricoperte da cuscini e tende pesanti di velluto adatte a contenere il rumore. Quello che il mondo ti impediva di esprimere potevi vomitarlo lì dentro gridando fino alla perdita dei sensi. Il *primal scream* – il grido primordiale – era l'urlo di dolore che ciascuno si era portato dentro troppo a lungo.

Per tutta la sua vita il nonno materno di Luca era vissuto in un appartamento poco fuori dal centro, in un complesso abitativo nei pressi del campo della Protezione civile. Vicino c'erano enormi terreni che venivano concessi al circo una volta all'anno, durante le vacanze di Pasqua. Da bambino Luca amava lasciarsi portare agli spettacoli con ore di anticipo solo per vedere gli animali sul retro. I circensi avevano imparato a riconoscere nonno e nipote e li lasciavano avvicinare alle gabbie, tra la puzza intensa di sterco e terra bagnata.

I pomeriggi d'inverno invece li passavano sui libri da colorare in un grande salone barocco che ricordava quello di certi ristoranti da cerimonie. Sua madre lo aveva sempre trovato kitsch. L'antico orologio a parete in legno nero laccato era la sola cosa rimasta del vecchio appartamento, insieme al suono profondo e cupo che accompagnava lo scoccare di ogni ora, modulato sulle note del Big Ben.

Quell'orologio fu la prima cosa che Luca distrusse.

Aprì la porta di casa e si trovò il pilastro di legno davanti, dall'altra parte della stanza. Saldò la presa con più forza sulla pompa della bici che si era portato dietro e la sollevò sulla sua testa correndo, fino a che il vetro del quadrante non finì in mille pezzi sul pavimento. Subito dopo si gettò su una lampada in carta di riso Ikea. Era così leggera che il colpo la fece volare sulla parete opposta.

Luca gridava e distruggeva con rabbia ogni oggetto con cui veniva a contatto: il carrello dei superalcolici, la credenza coi bicchieri di cristallo a vista, il tavolino di vetro davanti al divano, la sedia di vimini, le cornici delle stampe di arte moderna alle pareti. Lo guardavo esplodere dalla soglia, la porta chiusa dietro le mie spalle. Mi aveva chiesto di accompagnarlo, ma solo dopo avergli promesso che non avrei provato a fermarlo. Feci come richiesto, e mi mantenni ai margini a osservare quel rituale di liberazione.

Sotto i miei occhi Luca tornava bambino e poi si faceva uomo di nuovo. Era piccolo e fragile e poi potente e rabbioso. Con la violenza fisica cercava di esorcizzare un trauma che non sapeva ancora spiegare a parole, ma che per anni aveva tenuto lì a premergli sui polmoni senza riuscire a sottrarsene.

A una a una prese le sedie attorno al tavolo e le lanciò contro il pavimento, poi si mosse verso la camera da letto.

Lo raggiunsi solo quando non sentii più alcun rumore.

Lo specchio a scorrimento che copriva l'armadio ai piedi

del letto era ormai completamente in frantumi. Luca era seduto a terra sulle ginocchia, incurante delle schegge.

«Voleva morire in questa casa» sussurrò con l'ultimo filo di voce che gli era rimasto. «Voleva morire tra le sue cose, ma quando lui gliel'ha detto lei aveva già portato via tutto».

Mi avvicinai per rimuovergli una scheggia di vetro dai capelli.

«Forza, andiamo adesso» gli dissi e gli tesi la mano. Lui l'afferrò e si rimise in piedi. Capii che era stato quello il mio ruolo, fin dall'inizio.

Dopo pochi minuti il vento della città era tornato ad accarezzarci la faccia. Lungo il viale Carlo III la Vespa blu elettrico si lanciava in corsa contro il Palazzo Reale, che si faceva sempre più grande insieme alla sua ombra.

Io ancora le vedo quelle giornate di primavera che non finivano mai, che erano stanche, assonnate per il tepore del nuovo sole ma anche per le notti illuminate dal computer, fino alle tre del mattino, a raccontarci senza più sentire neanche la fame. La memoria trasforma quelle scene in un momento sospeso, lo dilata, fa sembrare più lungo quell'arco di tempo in cui la nostra amicizia aveva iniziato ad avere dei codici.

Dopo quella sera al vecchio appartamento di suo nonno, avevo raccontato a Luca il mio piano segreto. Volevo lasciarmi alle spalle tutte le infelicità che conoscevo, che producevano altre infelicità a loro volta: avrei interrotto la catena. Volevo viaggiare, raccogliere storie da tutto il mondo e metterle nei libri perché nessuno si sentisse troppo strano o troppo solo, leggendo. Non mi importava di essere ricca, volevo solo essere libera. Luca invece diceva che i soldi ci avrebbero salvati e che restare avrebbe reso più facile tutto. Con i soldi avrebbe avuto una casa sua con le sue regole, e mentre lo diceva mi rendevo conto che ciascuno di noi aveva un modo tutto suo di pensare a quello che significava essere liberi.

«Mi riesce veramente difficile immaginare un futuro in cui potrei essere me stessa restando» gli avevo detto. «Per un maschio forse, ma non per una femmina».

«I soldi» Luca ripeteva «i soldi». Lo ripeteva così tanto che non sapevo più se ci credesse davvero e finivamo per riderne, benché in cuor mio sapevo che una donna con i soldi non smette di raccogliere malignità dietro di sé, mentre un uomo, quando ne ha, non riesce più a tenere il conto dei nuovi amici.

Un pomeriggio lo trovai che mi aspettava all'ingresso del palazzo dove andavamo a ripetizioni. Attese che la macchina di mia madre voltasse l'angolo e mi porse il casco.

«Perché?» domandai.

«Oggi saltiamo lezione, è il mio compleanno». Aprì la mano per farmi vedere delle pietrine di fumo che aveva preso da un compagno di classe quella mattina nel bagno della scuola. Finimmo con gli occhi arrossati a mangiare compulsivamente pane e nutella sul tappeto del suo garage, dove giaceva abbandonata in un angolo la vecchia batteria del suo fratello maggiore.

«Devo dirti una cosa» disse a un certo punto. «Oggi non è il mio compleanno». Confessò di avere inventato una scusa perché potessimo stare ancora insieme. «Con te mi sento bene. Tu non mi giudichi mai».

Lo abbracciai forte, spinsi il mento oltre la sua spalla per respirare il profumo del suo gel.

Gli chiesi se lo avesse mai fatto. Mi rispose di no col solo cenno della testa, un po' in imbarazzo per quell'inesperienza che nessuno a scuola gli avrebbe mai attribuito. Fu allora che presi le sue mani e le portai a contatto con la mia pelle, le accompagnai lungo i bordi dei miei fianchi. Assecondavo una forza superiore che mi muoveva senza che io riuscissi a governarla. In quel momento non esisteva altro luogo se non lo spazio delimitato dalle nostre braccia.

«Sei sicura?» mi disse.

Annuii.

A pochi isolati di distanza da quel garage una donna di mezza età, stufa di aspettare i suoi studenti con i libri aperti, li aveva chiusi e si era versata un bicchiere di vino; mentre i nostri genitori erano al lavoro e i nostri compagni appoggiavano le teste stanche sulle versioni di greco o si perdevano dentro una nuova missione di *Final Fantasy VIII* alla PlayStation, noi ci spogliavamo goffamente, ci accarezzavamo con vergogna e desiderio insieme, impazienti di imparare quel linguaggio nuovo. Nonostante fossimo soli, quel pomeriggio il pensiero di Rossella si presentò più volte come fosse la terza persona in quella stanza.

«Puoi fare finta che io sia lei» gli dissi a bassa voce, mentre per la seconda volta tentava con imbarazzo di indossare un preservativo. Nella stanza si era sprigionato un odore intenso e acre, che è l'odore dei corpi quando si rivelano. «Fai finta che io sia lei» ripetei.

Ancora oggi non so se lo dissi perché credevo fosse quello che lui voleva davvero, oppure perché era così che volevo sentirmi io, per una volta desiderata, ammirata, voluta febbrilmente. Per una volta essere io la cugina giusta, essere Rossella.

Lui mi guardò per un lunghissimo secondo, forse di più, ma questo non posso saperlo, perché a quel punto chiusi gli occhi in reazione al dolore.

«Tutto okay?» mi domandò dopo poco, quando scattai verso la mia felpa per coprirmi.

«Sto bene» gli dissi, e gli offrii il pugno, come faceva lui quando ci scambiavamo lo skate alla cava. Non era stato niente, mi ripetevo, niente più di un gioco. Non era stato niente. Quello non era il mio posto. Anche io, come le altre, dopo quella sera avrei avuto un segreto da custodire in silenzio.

Volevo bene a Luca e credo lui ne volesse a me, anche se a scuola pubblicamente continuava a ignorarmi. Il nostro tempo restava circoscritto tra noi due, ai pomeriggi delle ripetizioni, lui che finiva gli esercizi in anticipo e rimaneva a osservarmi oltre la cappa di fumo della nostra insegnante, oppure a notte fonda, quando parlavamo per ore attraverso lo schermo dei nostri computer.

Da parte mia avevo cominciato a intingere le scarpe nella pece per fare attrito, per non procedere oltre verso un territorio che sentivo di non dover usurpare. Mi facevo bastare il pensiero che Luca mi avesse voluta almeno una volta, mi addormentavo accanto al ricordo del suo respiro vicino al mio fino a quando l'ipotesi che lui si vergognasse di me iniziò a visitarmi.

Quando lo incontravo in corridoio con gli amici non mi salutava mai per primo e quando rispondeva al mio saluto era sfuggente, impaziente di tornare al discorso che aveva lasciato in sospeso con gli altri. Una sera mi stava riportando a casa in Vespa e dopo aver notato in lontananza uno dei suoi compagni, fermo al semaforo dell'incrocio, aveva imboccato con un movimento brusco una traversa laterale. Un'altra volta, durante uno dei nostri pomeriggi alla cava, un amico lo aveva chiamato sul cellulare e Luca gli aveva detto di essere da solo. Si erano dati appuntamento per andare a fumare alla città vecchia e lui gli aveva risposto che li avrebbe raggiunti dopo aver sbrigato una faccenda. La faccenda, come presto capii, significava accompagnarmi a casa.

Vedendomi più cupa del solito, mia madre mi aveva messo in guardia. «Lui tornerà da lei» mi aveva detto scrutando oltre il volante della sua macchina, senza neanche cercare il contatto coi miei occhi. «Ne resterai ferita».

Le avevo risposto come al solito negando l'evidenza, volgendomi male: «Sei pazza» le avevo detto «smettila di farti strani film in testa». Alzavo la voce affinché il monito fosse ben chiaro anche a me stessa.

A metà maggio Luca mi contattò per dirmi che l'indomani avrebbe avuto l'ultimo compito di fisica e che il pomeriggio non sarebbe venuto a ripetizione. Si era anche offerto di passarmi a prendere lo stesso, ma quel giorno sarebbe venuta mia madre, che era di strada. Smettemmo di vederci regolarmente, ma per un po' continuammo a parlare di notte. La settimana dopo mi disse di aver preso 9 e che la sua media non era più a rischio.

Che fai tu, mi domandò, *ti ritiri questo mese?*

Gli dissi che avrei continuato fino alla fine.

Allora ci vediamo venerdì fuori scuola.

Il giovedì sera, prima di andare a letto, rubai un jeans della Richmond dall'armadio di mia madre. La sua taglia quaranta mi stringeva sui fianchi e sul sedere, riportava allo specchio forme del mio corpo che non avevo mai visto. Recuperai anche le scarpe con la zeppa che avevo preso per un carnevale in cui mi ero travestita da Ginger Spice. Il giorno dopo varcai la soglia della classe più alta di sei centimetri, con la marca dei jeans scritta in bianco stampata sulle natiche.

L'ultimo giorno di maggio i ragazzi che non dovevano preoccuparsi troppo delle interrogazioni finali si fermavano davanti al portone della scuola, seduti fuori dal cancello del parco reale, aspettando il momento migliore per scagliare il primo gavettone e decretare in questo modo la fine dell'anno scolastico.

Luca lo vidi in lontananza uscendo da scuola. Non lo riconobbi subito. Sul marciapiede di fronte due gruppi di ragazzi si affollavano ben distinti l'uno dall'altro, muovendosi tra grida e insulti verso il centro per poi spingersi subito in senso contrario. Avevo assistito altre volte alle dinamiche delle risse fuori da scuola, che scoppiavano all'improvviso per difendere la reputazione di qualcuno e vendicare un'offesa subita. In quell'occasione i ragazzi erano chiamati a scegliere da che parte stare. Nessuno rimaneva slegato, non esistevano posizioni mediane.

Mi fermai sulla soglia del portone insieme alla mia amica Agata. Lei, che parlava sempre poco per non lasciare intravedere i ferri scuri dell'apparecchio, mi indicò Luca con un cenno del mento buttato oltre la strada. Gli amici lo tenevano fermo mentre cercava di andare contro uno studente dai capelli rossi. La vittima si contorceva a terra tenendosi la pancia. La rissa aveva già avuto il suo picco ed era ormai finita, ma una nuvola di persone si era sistemata a semicerchio dietro ciascuno dei due ragazzi, lanciando minacce alla fazione opposta.

«Che è stato?» chiese Agata, appena uno dei compagni di Luca le passò davanti per raggiungere il parcheggio dei motorini all'interno della scuola.

«Non hai visto? Luca ha *sgommato* la faccia a Martelli».

«Martelli?» ripetei io.

«Martelli. 'O Russ. Carota. Com'è che lo chiamate?» disse il ragazzo.

«Che ha fatto Martelli? Perché si sono picchiati?».

«Aveva iniziato a provarci con la sua ex senza prima chiedergli il permesso» disse il ragazzo, come se la cosa fosse ovvia. Dall'altra parte della strada lo studente dai capelli rossi ancora stava con le ginocchia sul cemento del marciapiede.

«Rossella?» sussurrai.

«Quel piscione non ha avuto le palle di andargli a chiedere il permesso» ripeté il ragazzo allontanandosi. «Gli ha mancato di rispetto. Luca ha fatto quello che doveva fare».

A chi li aveva osservati darsi addosso poco prima, davanti alle sbarre arrugginite dei cancelli della Reggia, gli studenti erano sembrati piccole bestie in cattività prese dalla fame.

Restai solo l'attimo di un'esitazione a guardare negli avanzi della lotta sperando di incrociare lo sguardo di Luca, ma fu uno dei suoi amici ad accorgersi di me. Con gli occhi percorse il mio corpo, dalla punta delle zeppe ai fianchi rigonfi, un corpo travestito in quegli abiti non miei, sgraziato quanto una parodia.

«Che cazzo vuole quella?» disse rivolto a Luca. «Ce l'ha con te?».

Luca non rispose.

«Vacci a chiamare tua cugina, che è meglio!» gridò un altro. Appena feci un passo per andarmene fui bloccata dallo schianto di un palloncino che mi avevano gettato contro. Gli altri due mi presero in pieno. Bombe d'acqua per decretare la fine di un felice anno scolastico.

Lasciai che lo zaino scivolasse giù dalle spalle, a coprirmi le natiche. Allontanandomi mi sembrò di sentire anche la voce di Luca che rideva intrecciata a quella dei compagni. Quel suono mi affondava nella carne, lo sentii bruciare come un acido.

Tornai a casa da sola, ancora dentro il naso l'odore acre del loro sudore misto al dolciastro ferrigno del sangue. Lo specchio del bagno mi restituiva l'immagine di una ragazza con il seno piatto e i fianchi troppo grossi. Se il mio corpo fosse stato invisibile, nascosto dai soliti abiti larghi, non sarebbe stato deriso. Mi spogliai di quei vestiti balordi e bagnati, indossai la mia gonna nera lunga e una maglietta degli Slipknot più grande di due taglie, poi andai a sedermi a tavola con mia madre, entrambe guardando nei piatti senza dire troppo, in attesa che mio padre tornasse dal lavoro.

«Avete sentito cos'è successo alla casa dei Migliori?» disse lui, appena varcata la soglia di casa. «Qualche settimana fa qualcuno ha fatto irruzione in una delle loro proprietà e hanno distrutto tutto. Per fortuna non hanno rubato nulla».

«Saranno stati i soliti zingari» ipotizzò mia madre.

«O forse una storia di droga» aggiunse mio padre cercando il mio sguardo. «I genitori di Luca mi hanno chiesto se con te fosse tutto a posto. Vi frequentate molto in questo periodo...».

«Che intendi?» scattai, guardandolo finalmente negli occhi.

«Mi diceva sua madre che Luca le sembra più scostante, ultimamente».

«E io cosa c'entro?».

«Mi chiedeva... magari avete iniziato a frequentare della gente sbagliata. Anche Alba ha detto che ti ha trovata più sciupata».

«Ma stai scherzando? Alba?».

«Ti ha visto l'altra domenica a pranzo dalla nonna. Nel centro antiviolenza certi segni ha imparato a riconoscerli».

«Non posso crederci! La conoscete da due mesi e già la sua parola vale più della mia? Screditare le persone è la sua attività preferita, lo fa per assicurarsi la vostra fiducia».

Presi il telecomando e accesi la televisione ad alto volume per far scomparire quella conversazione surreale nel rumore di fondo.

«Di' pure alla madre di Luca di non preoccuparsi» risposi. «Suo figlio non ha bisogno di me per mettersi nei casini».

Mangiai voracemente il mio piatto di pasta e tutto il pane che c'era sulla tavola, un pezzo dopo l'altro, lasciando a stento lo spazio di un respiro. Concentrata sul cibo – su quei gesti minimi e uguali del portarlo alla bocca, masticarlo, ingoiarlo – non avrei concesso altre domande né permesso ai loro occhi inquisitori di incrociare i miei. Più tardi – con lo stomaco teso che faceva male – mi chiusi a chiave nel bagno di servizio, il punto più remoto della casa, mi infilai uno spazzolino in fondo alla gola e vomitai tutta la delusione e il disgusto che avevo portato dentro fino a quel momento. Lo avrei fatto ancora, per molti anni a venire. Io e il mio corpo insieme a dichiarare una resa.

Poco prima della mezzanotte Luca mi contattò sulla chat. Ero rimasta tutto il giorno a osservare il suo nome online senza riuscire a scrivergli una parola. Non sapevo se insultarlo o dirgli quello che provavo per lui. Coesistendo, le due pulsioni mi riducevano all'immobilità, così avevo lasciato il computer acceso a scaricare musica ed ero andata a letto.

Vidi il suo messaggio comparire da lontano: *C6?*

Non mi alzai per rispondere. Non ci riuscivo.

Nel libro-game che era diventata la mia adolescenza, avevo scelto di chiudere in quel punto. Avevo seguito tutte le opzioni che mi avevano portato a un finale sbagliato. Abbandonare lì, pensai, sarebbe stato meno doloroso che riprovare daccapo.

Quella fu l'ultima volta che mi scrisse.

Luca lo incontrai di nuovo all'inizio di luglio davanti ai quadri con i voti di fine anno scolastico. Era tornato insieme a Rossella e si tenevano per mano. Mi guardò con la coda dell'occhio, senza dire niente, mentre io e mia cugina ci scambiavamo un cenno di saluto a distanza. Non si preoccupò neppure di sapere se ce l'avessi fatta a scansare quel debito in fisica.

Tempo dopo, passeggiando tra i corridoi di Blockbuster, nei pomeriggi vuoti del fine settimana, ho pensato a quella volta insieme a lui nel mezzo della cava. Da qualche parte, tra le cassette e i dvd organizzati per generi sugli scaffali, avrei scommesso che un giorno avrei trovato una scena simile: ci sono due ragazzi soli nel mezzo di un paesaggio squallido, che però a loro sembra bellissimo. Per un attimo nessuno dei due deve fare finta di essere quello che non è, o accettare la vita per quella che è, che poi è lo stesso. E se non è amore, è certo qualcosa di altrettanto forte che li fa sentire felici di essere esattamente così come sono: sbagliati, inadeguati, imperfetti. Qualcuno grida forte qualcosa che fa eco nella cava e una musica si alza a coprirne il riverbero.

Stacco.

La prima e ultima volta che ho visto Remì eravamo al secondo piano sottoterra di un club di Soho alla fine di uno spettacolo di burlesque. La ballerina era una ex ginnasta russa che aveva smesso di gareggiare a causa della rottura di due legamenti alle ginocchia. Pochi minuti prima l'avevo vista volteggiare sopra le nostre teste avvinghiata a un nastro di raso che la teneva sospesa da terra.

Remì era francese ed era bello come un attore francese. Dalla sua foto profilo – la barba di qualche giorno, una camicia bianca aperta e un cravattino disfatto sotto il colletto – lo avevo immaginato accendersi una sigaretta prima di scopare e continuare a fumarsela per tutta la durata dell'amplesso.

Cosa ti piace? mi aveva chiesto dopo che l'applicazione ci aveva messo in contatto. Parlava di sesso. Nella conversazione non esistevano doppi sensi, perché il sesso era l'unico senso possibile. *Hai mai fatto una cosa a tre?*

Gli avevo risposto di no. Mi aveva detto allora che avrebbe mandato un taxi a prendermi alle undici di sera di un giovedì.

All'ingresso dovrai dire il tuo nome. Sarà su una lista. Attraversa la sala principale e cerca una piccola porta alla destra del palco. Lì, dopo lo spettacolo, raggiungici. Scenderai di due livelli lungo una scala di specchi, ci troverai ad aspettarti.

La macchina si era presentata puntuale.

Lui era esattamente come appariva nella foto, un prodotto fedele alla pubblicità. Lei invece risultava più vecchia da vicino, lontana dalle luci dei fari. Portava i capelli biondissimi tirati indietro in una coda che sembrava far male. Di loro non potevo chiedere nulla, né loro di me. Mi hanno fatto accomodare in un'altra stanza oltre una parete laterale. La camera era occupata da un enorme letto a baldacchino in seta bianca. Tutto quel candore faceva perdere l'equilibrio.

Mi hanno chiesto se fossi a mio agio, se andava bene tutto. Mi chiamavano *darling*. Mi hanno bendato con una fascia bianca attraverso cui potevo ancora vedere le loro ombre. Mi hanno tolto i vestiti l'uno dopo l'altro e poi hanno fatto scivolare via i propri. Mi hanno accarezzato le spalle, l'interno delle gambe, il retro delle ginocchia.

«Così ti piace?» mi ha chiesto Nadia.

Sentivo che mi piaceva.

Remì ha preso a baciarmi la nuca mentre il respiro di Nadia scendeva tra i miei seni.

«Così ti piace?» mi ha chiesto Remì.

«Sì» ho risposto.

Le domande ritardavano il momento del piacere e con lentezza lo distribuivano in ogni fibra del mio corpo.

Quando ho sentito Remì dentro di me, le mani di Nadia ancora mi tenevano stretti i fianchi accompagnando i suoi movimenti. Lo immaginai con una sigaretta tra le labbra, come la prima volta che ci eravamo scritti.

«Ti piace?» ha chiesto lei.

«Mi piace» ho risposto.

Ho sentito il rumore del loro bacio oltre la mia spalla.

In una camera nascosta nei sotterranei di un night club ho imparato un nuovo tipo di amore, che è l'amore per i corpi nella loro essenza più terrena. È un amore fragile, come sono fragili i corpi, ma potente come il desiderio dopo che è stato tenuto al laccio per troppo tempo. La mia pelle bruciava al contatto delle loro dita. Immaginavo i contorni dei miei arti lentamente scurirsi come un foglio di carta sfiorato dalla fiammella di una candela.

A casa mi ero prefigurata quella scena in modo diverso. L'avevo calcolata fredda, oscena, a tratti meccanica: mi ero sbagliata. C'era affetto nei loro gesti. Restava circoscritto in quell'abbraccio che mi conteneva, fluttuava da corpo a corpo nel momento in cui nessuno era più solo se stesso ma diventava anche l'altro, una creatura mortale e maestosa. Distesa su quel letto ero donna ed ero bambina. Mi liberavo di un colletto troppo stretto e di quella gonna di lana che pungeva sulle cosce. Che cosa era stata davvero la vita delle ragazze perbene? Tenerci docili, crescere nella vergogna chiamandola purezza. Imprigionate come Belle nel palazzo della Bestia, ci avevano addestrate ad avere paura della rosa tumulata nelle segrete del castello, lontana dal nostro sguardo.

Ho sentito il piacere esplodermi dentro come una tempesta in una scatola, una scarica elettrica nel ventre e nella testa a cui è subentrato un torpore dolce. Si è espanso lentamente, come inchiostro su un panno, e nel seguirlo ho dimenticato il mio nome.

Dev'essere così che si muore, ho pensato. E poi ho percepito, nonostante tutto, di essere incredibilmente viva.

Quando tutto è finito Nadia mi ha accarezzato con una spugna imbevuta di acqua calda, che raccoglieva da una bacinella di ceramica bianca e azzurra, alla base del letto. I suoi gesti erano quelli attenti di un'ancella.

Ho pianto in silenzio nel taxi che mi portava a casa. Non di disperazione, non di gioia. Ho pianto e basta. Nessuno prima di allora mi aveva mai toccato con una simile cura, nessuno aveva mai interrogato il mio piacere, neppure io stessa. A farlo, quella notte, erano stati due estranei.

Rossella mi ha detto di aspettarla al lato di piazza Vanvitelli, davanti alla banca che un tempo era il vecchio Blockbuster. Mi ha chiesto di fare due passi insieme, noi due da sole, che aveva bisogno di parlare, che i preparativi la stavano soffocando e le avrebbe fatto bene distrarsi, respirare un po'. Me la immagino zia Imma, che si muove per la casa nervosamente, il rumore delle ciabatte che schiocca assordante sul pavimento mentre si affretta a rispondere al citofono.

Hanno allestito la casa nuova al piano sopra la loro, mi ha detto in un messaggio mia cugina, *è un continuo viavai di cassettoni e tappezzeria.*

Dopo un breve appuntamento con il parroco che avrebbe celebrato il matrimonio, mi avrebbe raggiunta in pochi minuti. Così aveva detto e io attendo che arrivi, ma sono in anticipo.

Mi piace avere tempo per osservare i luoghi che attraverso, soprattutto ora che mi sembrano così piccoli. Sotto i portici del Comune ci sono ancora i ragazzi delle crew che ballano la breakdance al suono diffuso di una radio anni Ottanta. Qualcuno di loro ha i capelli brizzolati e capisco che devono essere gli stessi di tanti anni fa, quelli che erano stati cacciati dai vigili per fare spazio a centinaia di persone adoranti quel giorno d'inizio millennio in cui un giovane Pietro Taricone, appena uscito dalla casa del primo Grande Fratello, era venuto a prendersi il suo momento di gloria. I cittadini erano corsi a omaggiare l'eroe che aveva mostrato a tutta la nazione come un casertano sapeva portarsi a letto una donna in televisione.

Sono le quattro e un quarto, Rossella è in ritardo ma sul telefono non mi compare nessun messaggio. Il mio sguardo si sofferma sui tavolini del bar all'angolo della piazza occupati da pensionati con cani e coppie di adolescenti. La cameriera passa a distribuire menu e aperitivi, è svelta nel lavorare tanto quanto nel ritirarsi al lato dell'ingresso, cercare un accendino, accendersi una sigaretta. Indossa un maglione largo, i capelli mossi raccolti in alto con una matita. Mi chiedo dove potrei averla già vista, in quale corso di danza, in quale negozio del centro, in quale annuario scolastico.

Mia cugina è sempre più in ritardo, l'incontro con il parroco deve averle preso più tempo del previsto. Attraverso la strada ed entro nel bar raggiungendo il bancone. Passo davanti alla cameriera mantenendo una certa discrezione.

«Clara?».

La sua voce mi raggiunge quando ormai le volgo già le spalle.

«Sono Flavia, la sorella di Tonio».

Mi giro a salutarla e le sorrido. Provo uno strano piacere nel ritrovarla, pur non essendole mai stata amica in passato. Chissà cosa direbbe se sapesse che da bambina studiavo attentamente ogni suo dettaglio. La moto su cui ogni tanto fuggiva via, il giubbino di pelle del suo ragazzo, che lei indossava quando faceva più freddo, le camicie di flanella, i poster dei Radiohead e dei Green Day che una volta, ospite a casa loro, avevo sbirciato attraverso la porta della sua stanza. La cassetta dei Nirvana copiata su un nastro vergine dallo stereo era stata a lungo uno degli oggetti più preziosi in mio possesso. L'avevo rubata in occasione di una festa di compleanno di Tonio, quando tutti gli invitati si erano raccolti in giardino per il taglio della torta e io senza essere vista ero riuscita a nasconderla tra la maglietta e i jeans.

«Credevo che foste andati via dalla città» le dico.

«Sono tornata».

Mi fa cenno di accomodarmi a un tavolino, ma le rispondo che aspetto qualcuno. Mi invita a fermarmi un altro giorno, e io le dico che senz'altro, mi farebbe piacere, ma sono in imbarazzo, e mille cose mi si affollano in testa, come per esempio sapere cosa mai l'abbia spinta a tornare in città, quale desiderio, quale obbligo. Se sa cosa di lei si dice in giro, se è tutto vero, se gliene frega, e se non gliene frega allora come fa. Attraverso la strada e mi rendo conto di non aver preso niente al bar, che sono entrata e poi uscita e lei deve averlo capito che l'ho fatto solo per vederla.

Aspetto dal lato opposto della piazza, guardo più volte l'orologio, osservo con attenzione tutte le macchine parcheggiate lungo la strada cercando di riconoscere quella di mia cugina. Quando prendo lo smartphone tra le mani in cerca di un messaggio di Rossella, trovo invece mia madre che mi chiama. La sua voce esce prima ancora che io possa avvicinare l'orecchio al telefono.

«Dove sei, Clara? È successa una cosa terribile».

Dalle nostre parti nelle tragedie più grandi ci dicono che bisogna cercare il profumo dei fiori dei santi. La canfora, il garofano, il gelsomino. Uno solo di questi profumi e mia nonna avrebbe saputo che Rossella si sarebbe risvegliata. La macchina che l'ha investita quel pomeriggio è arrivata così, dal lato sinistro – come tutte le sventure – facendole fare un volo di più di tre metri in altezza mentre stava attraversando la strada davanti alla chiesa. Ho pensato al suo corpo disteso e disordinato come mai sarebbe stato se lei fosse stata cosciente. Ho pensato al suo corpo, a quella linea retta dal cortile delle suore fino al liceo, che passando attraversa la chiesa e sempre dritta arriva all'ospedale.

La corsia di emergenza racconta le storie di intere famiglie, così anche della nostra. Indietro veloce: mia cugina lascia il lettino, si libera dai tubi, ritorna sulla strada ritraendosi dall'asfalto; e poi sono i corpi delle nostre madri, a un mese di distanza l'una dall'altra a entrare in ospedale con noi neonate tra le braccia, e uscirne con la pancia gravida. Anche nostro nonno Alberto torna a casa dopo quella mattina del '79, si rimette steso a terra, poi si alza, come se l'infarto fosse stato solo il mancamento di un secondo.

Dalla finestra entra luminoso il sole primaverile, brilla riflesso dal bianco delle cave di pietra, e intanto la città prende il caffè con la sventura altrui.

«Povera sposa» si sente sussurrare.

Il parrucchiere è annullato.

Il matrimonio è sospeso.

Non l'ho vista. Non me l'hanno fatta vedere. Per telefono mia madre mi chiede di passare in ospedale, prendere le chiavi di casa di zia Imma, fare una busta con gli oggetti necessari a trascorrere lì la notte. Spazzolini, pigiami, una coperta. Mi metto in moto prima ancora di riattaccare. Le orecchie mi fischiano. Mi rendo conto di aver tenuto il telefono premuto contro la tempia ben oltre la durata della conversazione. Che cosa era successo? Che cosa sta succedendo?

Mia madre siede su un gradino della scala che porta al reparto di terapia intensiva. Non hanno fatto entrare nessuno, dice, la tengono sotto osservazione. Zia Imma e lo zio Genni, la nonna, zia Clarissa, mio padre e Luca sono tutti sul pianerottolo in silenzio, come se aspettare lì potesse aiutare il corpo di Rossella a resistere, la sua testa a essere più dura. Resto davanti a mia madre un gradino più in basso, non vado oltre, la guardo negli occhi alzando la testa come quando ero bambina. Lei mi consegna le chiavi di casa, mi dice di girare nella toppa due, tre volte. Mi indica una chiave che dimenticherò, poi un'altra di un cancello che non saprò riconoscere.

Rossella, la mia cugina gemella, è stata investita da una macchina in corsa all'uscita dalla chiesa dopo l'ultima confessione prima del giorno del suo matrimonio. Rossella, la ragazza perbene, la cugina esatta, la sposa novella. Se fossi rimasta, se fossi stata io quella giusta – ragazza perbene, come loro avrebbero voluto – adesso su quel lettino, sotto le fasciature, quei capelli impregnati di sangue sarebbero i miei? Tutte le volte che ho desiderato essere lei, quelle in cui ci ho perfino provato, mai avrei immaginato che i suoi binari avrebbero condotto fino a qui.

E lei invece? "Troviamo del tempo per noi" aveva detto sull'isola. "Ho bisogno di parlarti". Non riesco a smettere di ripensare a quelle parole. Era stata quella macchina in corsa lungo la strada del centro, a suo modo, una deviazione?

Mentre procedo verso la sua casa, mi domando se Rossella abbia visto – come si dice – l'intera vita passarle davanti nel momento del pericolo estremo: se abbia capito in quell'attimo di acuta saggezza che tante cose sarebbero dovute andare diversamente, ma che lei ha sempre avuto troppa paura di scoprirlo.

Mentre cammino rivedo quella piega del tempo in cui Rossella questo pomeriggio, invece di assecondare lo schianto, ha esitato per un attimo sufficiente a evitarlo. Ha controllato qualcosa nella borsa fuori dal portone della chiesa senza attraversare, mentre una macchina le è sfrecciata davanti a tutta velocità. In quella piega del tempo-come-sarebbe-dovuto-essere, nel mondo senza lo schianto, io e Rossella avremmo comprato un gelato, saremmo arrivate davanti alla vecchia scuola e avremmo dato da mangiare ai piccioni nel cortile, interrogando i fantasmi. Avremmo mostrato loro le donne che siamo diventate e poi avremmo preso a girare su noi stesse, due dervisci impazziti che raggiungono l'ebbrezza, come facevamo nelle ore assolate di ricreazione. In quella piega del tempo che non è stato, ci saremmo stese a terra sulle mattonelle di tufo che trattengono il calore del sole e raccontando le nostre storie daccapo avremmo cambiato i punti che non ci piacevano più.

Nel cuore della tragedia la città santifica la ragazza perbene che dorme senza poter ricordare i propri sogni. Mia cugina in terapia intensiva – le braccia lungo il corpo immobili, le labbra leggermente dischiuse che non proferiscono parola – è l'immagine della massima virtù. Un corpo di donna che non desidera e che non si muove, un corpo a cui la vita accade, un corpo muto che non si fa sentire, non disturba.

La casa è poco distante dall'ospedale. Zio Genni l'ha scelta per quello, perché dai lunghi turni nel reparto di chirurgia fosse in grado di tornare in poco tempo. È una piccola villa che ostenta il giusto, un'abitazione da persone rispettabili, senza piscina, senza giardino, ma con un ampio cortile d'ingresso dove la Mercedes viene tenuta coperta da un telo incerato. Ci si entra attraverso un cancello in ferro battuto che non dimenticano mai di smaltare di verde. Anche se manco da molto tempo, potrei fare la strada a occhi chiusi. Dall'ingresso mi dirigo a passo svelto verso la stanza di Rossella, che mi aspetta in penombra come un profondo fondale marino.

C'è un'energia magnetica nelle camere dove siamo stati adolescenti. Sono luoghi in cui gli anni si contraggono, le decadi si fondono insieme e così pure le versioni di noi stessi che abbiamo indossato e poi dismesso, fino a sceglierne una su tutte. Si procede per accumulo e mai per sottrazione, perché ogni elemento si carica di senso in virtù di quello che gli sta accanto. Così ai volumi ordinati di *Harry Potter* si affiancano le eroine di Jane Austen, mentre sullo scaffale superiore qualche opera di Flaubert conduce alle *Relazioni pericolose* in versione tascabile trovato su una bancarella dell'usato. Più in alto ancora ci sono i dvd i cui dorsi vestono ogni possibile sfumatura di rosa. C'è la collezione completa degli episodi di *Buffy l'ammazzavampiri*, il cofanetto di *Gossip Girl* e poi commedie americane che vanno da *Ragazze a Beverly*

Hills fino a *Mean Girls*. Ancora più in alto ci sono i grandi classici hollywoodiani – *Via col vento*, *Colazione da Tiffany*, *Vacanze romane* – e l'intera filmografia di Leonardo DiCaprio.

Il letto di Rossella è più grande di quello in cui da bambine avevamo dormito insieme qualche volta, ma ancora sta contro la stessa parete. Il vecchio poster di Britney Spears è quasi scomparso sotto i ritagli delle campagne pubblicitarie di Kate Moss e vari scatti in bianco e nero di Alessandra Ferri durante gli anni della Scala, in equilibrio sulle punte o in arabesque.

Mentre mi guardo intorno ripasso a memoria la lista di oggetti che mia madre mi ha detto di recuperare. Le informazioni mi tornano a fatica. Uno spazzolino, biancheria intima – quanta? Un solo pigiama?

Il diario di Rossella lo trovo sepolto tra i pigiami di cotone nel secondo cassetto del comodino. Non è bloccato da un lucchetto, come quelli che usavamo da ragazzine, ma è gonfio di fotografie e trafiletti di giornali locali che promuovono vecchie sfilate e locandine di fiere *Oggi sposa*. Lo raccolgo nel silenzio della camera, ne accarezzo il dorso. È un'agenda blu della Reale Mutua Assicurazioni, di quelle che usa suo padre. La prima pagina porta una data di qualche mese fa scritta in inchiostro rosa profumato: il 21 novembre, il giorno in cui mia cugina ha ricevuto la proposta di matrimonio. La calligrafia rigonfia e gommosa lascia il solco sulla pagina seguente, che a sua volta si imprime su quella successiva.

Mi siedo sul pavimento, la schiena incassata nello spazio tra il comodino e il letto. Alcuni diari sanno che un giorno verranno aperti da qualcuno, sono scritti per qualcuno e così nascono addomesticati. Altri diari invece sono fatti per il silenzio, un pensatoio in cui chiudere dentro cose che non ci si è fidati di confessare a nessuno.

Rigiro l'oggetto tra le mani e lo guardo, mi tengo sul limine, poi lo varco.

Accanto al nome di Luca ricorre spesso quello di una ragazza. Sembrano essere loro due – le due amiche – le principali protagoniste di questa storia.

C'è una foto che le ritrae insieme, le riconosco entrambe sotto strati di trucco. Leo è alta, più alta di Rossella. Ha i tratti decisi delle donne negli affreschi pompeiani, mentre mia cugina esile e diafana sembra appartenere a un altro mondo. Nella foto posano come statue in un servizio fotografico al Giardino Inglese, all'interno del parco della Reggia. Individuo sullo sfondo le finte rovine e lo specchio d'acqua dentro cui si riflette la statua di Venere. I loro capelli sono tirati e abbelliti di punti luce, le clavicole e le spalle scoperte dagli abiti che fasciano i loro corpi e terminano in uno strascico a sirena che le fa sembrare ancora più slanciate, come se posassero su un piedistallo identico a quello delle statue di marmo che le circondano.

Il giorno della foto al Giardino Inglese, quello è un giorno importante. Hanno entrambe circa diciassette anni, non sanno niente e vogliono tutto. Rossella lo ricorda nel diario ad anni di distanza, dopo aver raccontato del pomeriggio in cui è stata in atelier con sua madre per provare l'abito che avrebbe portato all'altare.

Fin dalla prima adolescenza mia cugina ha indossato e dismesso abiti bianchi immaginando il giorno in cui il vestito sarebbe stato il suo. Arrivato quel momento, guardandosi allo specchio, non ha provato nulla. Quando il proprietario dell'atelier le ha chiuso il modello lungo la schiena, lei ha sentito a sua volta chiudersi il petto, gradualmente, a impedirle il respiro.

Rossella scrive: *è tutto sbagliato*.

Rossella scrive: *ma adesso è troppo tardi*.

Il diario di mia cugina è una scatola nera, buia come tutto quello che non sappiamo, quello che lasciamo indietro e decidiamo di chiudere in un cassetto perché non veda la luce. Percorro la sua calligrafia, le date che si avvicinano a quella del matrimonio, la scrittura sempre più pesante sulla pagina come a voler ferire la carta. Osservo la sua voce.

Rossella scrive: *quel giorno* e *dopo quello che è successo*.

Quando Carlo III di Borbone immaginò la Reggia, chiamò tutti i nobili di corte e li raccolse sulla piana dove sarebbe stata innalzata la residenza reale. Come quella dei sovrani di Francia, più bella di quella dei sovrani di Francia. I suoi soldati ne percorsero il perimetro marciando, perché scomparendo all'orizzonte i cortigiani potessero percepire la grandezza del progetto. Lì, sul fondo, dove l'occhio arriva a stento, venne posta la fontana più bella, le cui statue raccontano la storia di Diana e Atteone. La dea della caccia se ne sta insieme alle ninfe quando il cacciatore, accecato dalla sua bellezza, si ferma a spiarla. La punizione arriva inesorabile sull'uomo che, trasformato in un cervo, viene sbranato dai suoi stessi cani. La fontana doveva essere un monito al sovrano: *non andare troppo oltre con le tue passioni*, gli avrebbe sussurrato al suo passaggio, *perché ogni passione è una strana malia che a un certo punto ti si rivolta contro*.

La città bassa nasce all'ombra di questa storia silvana e crudele di amore e punizione. Quando si ama troppo, qualcosa di male succede, meglio amare mitemente e con decoro, come si addice alle persone perbene.

Tre mesi prima delle nozze, nel giorno in cui sua madre ha firmato un assegno da capogiro per un abito bianco uguale a mille altri, Rossella ha riportato sul diario un ricordo lontano più di dieci anni. È insieme a Leo per uno shooting al Giardino Inglese. Il fotografo ha alzato per loro dei pannelli per il cambio d'abito sotto i portici delle rovine che si affacciano sulla vasca di Venere. La giornata doveva essere tiepida ma non ancora calda. Nella foto conservata nel diario l'amica ha una pelliccia di volpe bianca che le scende lungo la schiena, rivolta all'obiettivo della macchina. Rossella invece posa frontalmente, il braccio a leggero contatto con quello dell'amica e lo sguardo basso verso il bordo adamantino del vestito.

Il fotografo è un uomo basso e tarchiato di un paese vicino. Quel giorno indossa una camicia azzurra aperta in petto, il sudore che si espande velocemente sotto le ascelle. Muove le mani per dare ordini, mima lui stesso le pose che vuole fotografare. Al collo porta una catenina d'oro con l'immagine della Madonna accanto a un piccolo corno di corallo. «Sensuali» dice alle ragazze. «Radiose». Le fa appoggiare al grande albero nodoso che si butta quasi a strapiombo sul laghetto artificiale: «È il vostro giorno» dice. «Il giorno più importante della vostra vita». Il giovane assistente in jeans e t-shirt nera lo segue muovendo il pannello per riflettere la luce. Corre a destra e a sinistra intorno alle ragazze come una piccola luna artificiale non retribuita.

Ci sono sei cambi d'abito, il servizio prende l'intero pomeriggio, fino alle cinque, quando il parco avrebbe iniziato la routine di chiusura. Leo e Rossella usano il porticato delle antiche rovine come camerino personale. Immagino le loro borse Dimensione Danza ammassate in un angolo insieme ai cappotti, le New Balance disordinate, sfilate via senza neanche essere slacciate. Quella pelle di ragazzine abbandonata tra le rovine come fosse anch'essa qualcosa di vecchio, mentre i loro corpi di donne prendono forma sotto il raso luminoso.

Leo mette la testa oltre il pannello separatorio per controllare di non essere vista. Il fotografo sta parlando al telefono animatamente con qualcuno che è rimasto a tenergli il negozio. Si esprime a grandi gesti, sbuffa, suda, si aggiusta sul naso gli occhiali dalle lenti azzurre, li toglie, li indossa di nuovo, come se la persona con cui sta parlando fosse proprio lì davanti. Leo ride, lo mostra a Rossella, poi la richiama dietro il pannello. Si accovaccia sopra la sua giacca e prende dalla tasca un borsello giallo in finta pelle. Ne estrae un cofanetto dorato di Chanel con lo specchietto. Da una bustina di plastica distribuisce due strisce di polvere bianca con quello che sembra un piccolissimo cucchiaino da zucchero. Esegue questi movimenti con sicurezza, inala la polvere senza esitazione, poi offre il cofanetto a Rossella. «Sarà un lungo pomeriggio» le dice. «Ne abbiamo bisogno».

Cosa prova in quel momento Rossella? Paura. Eccitazione. Nel diario scrive: *sentivo che presto avrei potuto vomitare il cuore*.

Inala la polvere bianca senza fare domande. Lo sguardo di Leo muove il suo corpo, lo penetra, e lei non si oppone, si abbandona all'amica.

«Stai bene?» deve averle chiesto Leo. E lei avrà risposto di sì, prima di tornare fuori per la successiva serie di scatti. Tornano dietro al pannello più volte, ripetono il gesto, che non fa più paura.

«Non sento niente» dice Rossella. «Non funziona» mentre euforica ride e aiuta l'amica a slacciarsi il corpetto del modello Moulin Rouge, l'abito forte della collezione.

Alla fine dello shooting le ragazze tornano nelle loro pezze da adolescenti – i leggings stretti, le felpe larghe – fatte apposta per dare sollievo ai corpi quando sono esausti di essere consumati dagli sguardi. L'uomo lascia loro due banconote da cinquanta euro tra le mani, raccoglie le valigie con gli abiti del servizio e insieme al giovane assistente si allontana.

Rossella fa per prendere la sua borsa e seguire il fotografo, ma Leo le dice di aspettare, che c'è ancora tempo prima che il parco chiuda, c'è ancora mezz'ora. Tira fuori una sigaretta e la invita a sedersi accanto a lei su una delle rocce attorno al laghetto artificiale. Con la mano le cancella un tratto di rimmel sbavato sotto l'occhio. *C'è un senso di onnipotenza quando siamo insieme*, scrive Rossella. *Come se tutto fosse importante e niente lo fosse al tempo stesso.*

Con Leo sentiva di poter essere qualsiasi cosa senza temerne il giudizio. La storia con Luca, quell'inverno, l'aveva chiusa anche per questo: con lui era costretta a interpretare un ruolo. Quando era con l'amica, invece, quel gesso che le era stato messo addosso per trasformarla in una statua perfetta si rompeva in mille pezzi, lasciandola finalmente respirare.

Rossella pensa queste cose quando Leo la informa dei suoi piani.

«Ho detto a un amico di passare».

«Eduardo?» chiede Rossella.

«Uno di loro». Leo ride buttando indietro la testa mentre dalla bocca caccia fuori il fumo della sigaretta appena accesa. «C'è anche un suo compagno, voleva conoscerti. Ho pensato perché no, ormai sei una donna libera».

Rossella osserva l'amica prendere boccate violente dalla sigaretta che si consuma velocemente. Ne succhia l'estremità come fosse una caramella e quando lo fa si può sentire il rumore del tabacco che brucia.

«Che hai?» le chiede Leo, mentre Rossella non riesce a togliere lo sguardo dai suoi zigomi, li fissa mentre si tendono e si rilassano per far passare il fumo.

«Niente» risponde. «Il parco sta chiudendo, resteremo dentro».

«Non fare la sfigata, ci stiamo divertendo. Perché devi rovinare tutto?».

Rossella prende il cellulare. Sono le sei. Le porte della Reggia stanno chiudendo in quel preciso istante.

I ragazzi stanno arrivando, Eduardo ha le chiavi dell'entrata laterale, quella dal lato del ponte di Ercole, le spiega Leo. «Possiamo fare il cazzo che ci pare».

«Perché non me lo hai detto prima?» chiede Rossella.

«Avresti detto di no» risponde l'amica, spingendo forte il mozzicone contro la terra umida sotto i suoi piedi.

Presa da un attacco di rabbia Rossella le getta il cellulare contro. «Sei una stronza» deve averle detto. E forse è ancora la coca, forse è quello strano disincanto, il realizzare tutt'a un tratto che non sarebbero più state sole, come invece avrebbe desiderato, come aveva immaginato tutto il pomeriggio.

In quei giorni era così. Non capivo cosa mi stesse succedendo, sapevo solo che i problemi iniziavano quando eravamo distanti.

Il diario che ho tra le mani è la scatola nera dello schianto.

A poche settimane dal matrimonio Rossella ripensa a quel giorno dei suoi diciassette anni, esplora il suo desiderio, entra ed esce dal suo corpo per conoscersi meglio senza avere le domande giuste. Ci avevano cresciute lasciandoci credere che saremmo diventate donne quando avremmo imparato a badare a una casa tutta nostra, a prenderci cura dei nostri figli, di nostro marito. Crescere non sembrava poi così difficile, le istruzioni erano davanti ai nostri occhi, erano ovunque: a scuola, a casa, in chiesa la domenica, alla cassa del supermercato. Non eravamo pronte a fare i conti con il desiderio, nessuno ce ne aveva mai parlato.

C'è qualcosa di erotico nel modo in cui un bambino desidera un giocattolo, un gelato, un giro in bicicletta: è un bisogno fisico che viene subito castrato. I nostri adulti ci avevano insegnato a non chiedere mai. La rinuncia al desiderio era la nostra espiazione, così pure quella vita che ci avevano messo davanti, un percorso a tappe, ben preciso, dalla casa dei nostri padri a quella dei nostri mariti. Il nostro desiderio sarebbe rimasto muto, non interrogato. Ma capitava a volte che l'animale si risvegliasse dentro, che la bestia affamata, malnutrita e dimenticata cominciasse a scalciare. Come si tiene a bada il desiderio? Assecondandolo o sopprimendolo per sempre. Così ce ne stiamo in bilico accarezzando l'una o l'altra possibilità, prima di capire da che parte stare, dove lasciarci cadere.

Rossella giace in coma su un letto di ospedale e io siedo sul pavimento della sua stanza, gli occhi intrappolati nella calligrafia di una storia segreta. Ci sono anche io quel giorno al parco della Reggia, sotto i miei occhi indiscreti si muovono i personaggi del racconto rievocato dalle pagine del diario aperto.

I ragazzi arrivano, sono due tipi della scuola. Rossella li ha visti altre volte nei corridoi del liceo classico. Eduardo bacia subito Leo sulla bocca, con il braccio le cinge completamente la vita sottile. Ha i capelli scuri e un accenno di barba lasciata crescere di proposito, come il sopracciglio tagliato in orizzontale a simulare una cicatrice.

«Questo è Martelli» dice rivolto a mia cugina. «Era un sacco che ti voleva conoscere».

Martelli si avvicina a Rossella, mentre gli altri due prendono posto seduti a terra con la schiena contro le finte rovine. Sembra un ragazzo timido, di poche parole, alto e ossuto, con i capelli color carota tenuti su col gel e il naso tempestato di efelidi.

I due amici iniziano a rollare una canna, prendono un tiro ciascuno poi la passano alle ragazze. Al secondo giro Eduardo soffia il fumo direttamente tra le labbra dischiuse di Leo.

«Fai lo stesso con lei» dice Eduardo indicando Rossella, che le siede accanto.

Le due ragazze ridono, poi Leo si avvicina al viso dell'amica e ripete il rituale. Inspirare, espirare. Quando il fumo è completamente fuori, le loro bocche restano vicine a fluttuare in un mare di ovatta ed è in quel momento che Rossella la bacia. Qualcosa di più forte della sua volontà la muove a cercare le labbra della sua migliore amica.

La bacia.

«Che cazzo fai?» grida l'altra, spingendola via con entrambe le mani. «Il fumo ti ha dato alla testa?».

«Lasciala stare» la ammonisce Eduardo. «Ora vieni con me» e tende la mano a Leonora per portarla tra le rovine.

Rossella resta seduta insieme al ragazzo dai capelli color carota davanti alla statua di Venere che li osserva in ginocchio da una roccia. Scambiano qualche frase di circostanza, poi lui la sfiora ed è inutile provare a sottrarsi a quelle mani desiderose che la afferrano. Lui ripete i gesti del compagno e la prende per mano, la porta sotto il porticato, dove c'è meno luce ma abbastanza da intravedere i movimenti degli altri due corpi all'estremità opposta del corridoio. Restano a baciarsi contro la pietra umida Rossella e il ragazzo che ha appena conosciuto, e quando lui le chiede se sta bene, se può andare oltre, lei gli dice di aspettare. Cerca il corpo dell'amica oltre la spalla di lui, oltre i suoi capelli rossi, dove Leo giace avvinghiata a un altro. La vede muoversi sicura, un animale che asseconda l'istinto. È lì, vicino a lei, che Rossella vorrebbe trovarsi adesso, ma il ragazzo dai capelli rossi continua a baciarla, prova a sganciarle il reggiseno e lei alla fine gli si arrende. Con la mente si muove insieme al corpo dell'altro sopra la pelle bianca di Leo, finalmente la tocca, la sente sorridere, le prende le labbra con le labbra fino a che non avverte il dolore e tutto è confuso nel fumo, nel desiderio, nell'ombra.

Le persone non si innamorerebbero mai se prima non avessero sentito parlare dell'amore. Lo diceva il filosofo François de La Rochefoucauld, ma è molto probabile che lui non si fosse mai innamorato nella vita. Nonostante tutto, qualcosa di vero c'è in quella vecchia massima. Di storie come la sua, di un sentimento così forte come quello che provava per l'amica, Rossella non aveva mai sentito parlare. Non c'era niente di simile nei film che aveva guardato, e neppure nei romanzi che aveva letto. Non sapeva dargli un nome né una forma e davanti a tutto questo vuoto si era sentita persa.

Tornata a casa, sotto la doccia, Rossella si è osservata le gambe sbucciate e i segni del brecciolino sulla pelle delle natiche. Ha provato vergogna, ha deciso che ci sarebbe voluto troppo coraggio, che sarebbero servite troppe energie per cambiare le cose.

Da quel giorno avrebbe limitato i suoi contatti con Leo, così pure gli incontri da sole. Le avrebbe fatto male all'inizio, poi sempre meno fino a quando si sarebbe dimenticata di quel rifiuto. «Meglio così» deve aver sussurrato piano quando si è messa a letto. Alla fine dell'anno scolastico sarebbe tornata con Luca, e lui a distanza di poco più di dieci anni le avrebbe chiesto di sposarlo. Questo sarebbe successo, perché così era stato deciso fin dall'inizio. Avrebbe sposato il fidanzato storico, come tutte le ragazze perbene.

Esco dalla storia di Rossella come si emerge da una lunga apnea. Ripongo il diario lentamente e prendo in cambio uno dei suoi pigiami. Prima di chiudere il cassetto mi accorgo che sul pavimento sono scivolati alcuni pezzi di carta. Tra due volantini promozionali e un cartoncino con i dettagli di un'agenzia per modelle, raccolgo un biglietto della metropolitana di Milano – il timbro stampato a inchiostro viola con la data di qualche mese fa – e un foglio piegato in quattro che porta il mio nome su un lato.

14 settembre 2007

Cara cugina,

la settimana scorsa sei partita per Londra e non sono neanche riuscita a salutarti. Mi è dispiaciuto. Fino alla fine ho pensato che ce l'avrei fatta a passare in aeroporto, ma come forse ti ha detto mia madre avevo una prova d'abito per la prossima fiera e non sono riuscita a trovare un passaggio per raggiungervi. Comunque hai preso un aereo nel mezzo della mattinata e se un po' ti conosco lo hai fatto apposta per evitare scene troppo drammatiche, con fazzoletti, abbracci, lacrime, e quant'altro.

Hai fatto bene, riesco a capirti. Qualsiasi cosa accada in questa famiglia diventa sempre un teatro, anche se poi lo sai che tutto è fatto con affetto.

Ho saputo che saresti andata via solo qualche settimana fa. Zia Adele ci ha detto che lo hai deciso d'impulso. Dovrei tenerlo per me, ma tua madre è anche passata da casa nostra a lamentarsi. A quanto pare lasci l'università per un po'. Sette esami e la media del trenta, o mi sbaglio? Povera Agata! Adesso dovrà trovare un'altra compagna di studio che le permetta di ascoltare l'ultimo disco di Jennifer Lopez in sottofondo!

Sto scherzando...

Ancora non posso immaginare le ragioni dietro questa tua decisione repentina, eppure, nonostante tutto, non riesco a dirti che stai sbagliando. «Parlaci tu» mi ha detto tua madre, come se potessi riuscire a farti cambiare idea. Tutto sommato però non saprei neanche quali parole usare. La verità è che ammiro molto questo tuo coraggio. Qui non mi sei mai sembrata felice e forse buttarti di testa dentro una storia ancora tutta da scrivere è un rischio che puoi permetterti in questo momento.

Il tempo poi ci dirà se ne sarà valsa la pena, intanto non potrai dire di non averci provato.

Non l'ho mai confessato a nessuno, ma qualche volta anche io ho sognato di fare lo stesso. Andare via, ricominciare daccapo come una persona nuova, a Parigi o a New York, calcare palchi importanti come ballerina, girare il mondo. Mi sarebbe piaciuto continuare con la danza. Mi chiedo sempre dove sarei riuscita ad arrivare, se non mi fossi lasciata convincere da mia madre con questa storia delle sfilate, una cosa che mi ha preso come un lavoro ma che all'inizio doveva rimanere un hobby.

La tua fortuna è che a questi luoghi non ti sei mai intrecciata troppo. La mia impressione è che tu sia sempre bastata a te stessa, per indole, forse, o per cautela. Dal canto mio, come sai, qui ho Luca, i contatti delle sfilate e ora i corsi di Giurisprudenza, che non mi sembrano neanche poi così male. Mi piace andare a Napoli la mattina con il pullman, anche se è ogni volta una levataccia, ma è bello fare la strada con le mie nuove compagne di corso, scambiarci gli appunti, commentare l'ultimo film che abbiamo visto e altre piccole cose stupide che però mi fanno stare bene. Ho incontrato alcune ragazze del nostro liceo e specialmente con loro negli ultimi mesi ho legato molto. Mi fanno sentire meno sola, soprattutto da quando con Leo non ci si vede più. La nostra amicizia stava diventando troppo stretta e non avrebbe portato a nulla di buono. Sono stata molto confusa a riguardo e non è stato semplice. Un giorno te ne parlerò a lungo. Lei poi si è trasferita al nord, ha detto che è lì che si fanno le vere modelle e ci ha lasciate tutte dietro senza dire niente. Adesso vedo che sarebbe finita comunque, in un modo o nell'altro, e allora penso di aver fatto la scelta giusta.

Anche con Luca, a essere sincera, le cose potrebbero andare meglio. Lui è spesso distratto dai suoi esami, che macina l'uno dopo l'altro, mentre io sono rimasta indietro. Qualche volta mia madre per tirarmi su gioca a immaginare il giorno del nostro matrimonio. Ha gli occhi sognanti come se dovesse riprogrammare il proprio, e io la lascio fare. Qualsiasi cosa pur di tenerla distratta dalle mancanze di mio padre.

Mi chiedo spesso ultimamente se sia davvero tutto qui, diventare grandi. A volte non so darmi una risposta e cado in una tristezza profonda.

Scusami, Clara, mi sento una stupida a scriverti queste cose. Ti racconto tante storie a metà e forse ti annoio. Non era questo il punto, in ogni caso.

Il punto è che tu sei andata, tu hai avuto coraggio e te lo invidio. Come quando leggevi i manga da ragazzina, quei fumetti che io non volevo neanche guardare per paura di essere scoperta, adesso ti mando avanti perché tu possa raccontarmi poi cosa succede, cosa si prova.

Intanto non so neanche se ti invierò mai questa lettera. Non conosco neppure il tuo nuovo indirizzo ora che ci penso, e oltretutto chi le scrive più le lettere al giorno d'oggi? Mi rendo conto che avrei fatto prima a entrare nella mia casella di posta e scriverti una mail, ma è un pomeriggio lento e un po' malinconico, come spesso sono i pomeriggi di settembre. Davanti avevo un foglio bianco e semplicemente ho cominciato a far andare la penna. Fuori c'è l'odore umido delle prime piogge che annunciano l'autunno e su MTV *danno le repliche dei Video Music Awards della settimana scorsa, a Las Vegas.*

Britney è salita sul palco con un reggiseno e un paio di slip glitterati, provava a muoversi malamente in equilibrio su certi stivali neri di velluto dal tacco sottile, tanto che a tratti ho pensato che sarebbe caduta. Aveva gli occhi di un colore blu ultraterreno e i capelli biondo platino fino alle spalle, corti abbastanza da essere davvero i suoi, quelli che le sono ricresciuti nell'ultimo anno. C'è qualcosa di disturbante in lei che non va cercato in quel suo fisico in sovrappeso e non più tonico come una volta. È il modo in cui si muove a essere inquietante: la voce registrata canta senza provenire dal suo corpo e lei non si sforza neppure di seguirla. Britney è qualcosa che accade fuori, sopra le teste e dentro l'immaginario della gente che la guarda, mentre quella sul palco è solo una bambola che segue una coreografia insieme ad altri ballerini che la affiancano con più convinzione. Britney muove i passi giusti ma lo fa senza trasporto, senza vita. Se si ferma sa che salta tutto, il meccanismo si inceppa, e allora va avanti così nella speranza che finisca presto.

Dicono che dopo lo spettacolo abbia pianto a lungo in camerino. L'ho letto su qualche giornale. La notizia non è confermata ma non stento a crederci. Ecco un'altra ragazza perbene che scoppia sotto gli occhi di tutti e io non so perché ma non riesco a smettere di pensarci. O forse in parte lo so. Perché è la storia di una vita intera passata cercando di assomigliarle e scoprire poi di aver scelto il modello sbagliato, quello che finisce male.

Mi dispiace molto per lei, non dovrebbe farsi vedere in giro in questo stato. Dovrebbe farlo per noi che l'abbiamo seguita fin dall'inizio. È come se mostrandosi ci dicesse che abbiamo fatto male a fidarci, che siamo state delle stupide insieme a lei, e che prima o poi come lei toccheremo il fondo. Mi chiedo se abbia mai pensato di farla finita.

In questi giorni passano lo stesso show a ripetizione e penso a quando MTV la guardavamo insieme io e te. Sarebbe bello un giorno farlo di nuovo, anche se allora non avevamo mille pensieri e forse era bello proprio per questo. Quando ascoltavo una canzone significava solo quella canzone, mentre adesso ogni cosa mi riporta a un'altra, e quando torno a prestare attenzione la musica è già finita.

Come vedi ho perso ancora una volta il filo del discorso. Scusami, Clara. In ogni caso adesso è meglio che chiuda. Spero che tu abbia fatto buon viaggio, cugina, spero che tu stia bene. Ci vediamo a Natale, solito posto a tavola, a casa tua.

Ti voglio bene,
Rossella

Scene da un matrimonio estivo nella campagna ai piedi del monte Tifata. Gli sposi scendono da una Mercedes d'epoca che si accosta all'ingresso della tenuta, gli invitati li accolgono agitando sopra le loro teste piccole sagome cartonate di cuori e colombe. Sono in tutto un centinaio, tra parenti, amici di famiglia e qualche compagno di scuola. Luca è diventato notaio da poco e ha riempito la sua lista di colleghi e professori importanti. Mio padre, sconfitto alle comunali, pensa alla sua prossima mossa e si consuma i palmi in strette di mano e pacche sulle spalle, in attesa che siano gli altri a fare silenzio per primi. Abbronzato oltremisura, il padre della sposa conversa formalmente con una donna dai capelli biondo platino come se nessuno sapesse che sono amanti da almeno cinque anni.

Rossella ha un abito da trentamila euro. Me lo dice mia madre a bassa voce, ma non troppo, perché la nostra vicina di casa possa cogliere la cifra esatta e spargere l'informazione tra i tavoli nel corso del ricevimento. Le damigelle sono in prima fila.

«I loro abiti sono arrivati dalla Francia» dice questa volta zia Imma, assicurandosi di essere notata. «Sono costati anche quelli una fortuna: il blu cobalto del tulle è lo stesso degli interni del palazzo di Yves Saint Laurent a Marrakech». Accanto a me, i cugini Pasquale e Renato commentano quante delle ragazze presenti si sono già portati a letto.

Luca scende dal suo lato della macchina e fa il giro per

aprire lo sportello a Rossella, che ha gli occhi piccolissimi contro la luce del sole di luglio. La giovane sposa fortunata, la giovane sposa sopravvissuta, la giovane sposa miracolata. Poco importa l'aver sempre immaginato di essere sposa di maggio, sposa di primavera, una stagione mite e gentile che le sarebbe assomigliata. Rossella sarà una sposa d'estate e se non sarà luminosa e sfacciata come lo sono i mesi più caldi, quantomeno sarà viva, sarà giovane e bella come le pesche sui banchi del mercato, con un profumo così forte da farti girare, perché poi tu possa afferrarle a piene mani.

Dopo due notti passate al terzo piano dell'ospedale a modulare la monotona litania del rosario, senza sosta, la nonna aveva aperto una finestra e l'aveva finalmente sentito: il profumo dei gelsomini. Sapeva riconoscerlo distintamente, ne era sicura. Lo aveva trattenuto dentro i polmoni insieme alla calura polverosa che arrivava dal parcheggio su cui si era affacciata, poi si era fatta il segno della croce e aveva finito le sue preghiere. Solo allora aveva detto alle figlie che sarebbe andato tutto bene, che per Rossella non era ancora arrivato il momento.

Mia cugina si è risvegliata il quarto giorno dall'incidente. Dopo una settimana i dottori le hanno concesso di tornare a casa: sarebbe stata bene, ma non avrebbe dovuto fare troppi sforzi. Soprattutto nel ricordare. L'impatto le aveva compromesso la memoria di quanto successo nelle ventiquattr'ore precedenti o poco più.

Quando con la voce ancora flebile e affaticata aveva chiesto del matrimonio, zia Imma le aveva detto che non avrebbe dovuto preoccuparsene. Grazie ad alcune connessioni di mio padre erano riusciti a bloccare un agriturismo nella campagna tifatina. Avevano preso la prima data disponibile, che oltretutto, coincidenza, era proprio il

26 luglio, il giorno di sant'Anna, patrona della città. «La protettrice delle gravidanze» aveva sentito di aggiungere la nonna, perché comunque è bene non starci troppo a pensare ai figli, meglio togliersi il pensiero subito.

Nel corso degli ultimi tre mesi sono tornata a casa più di quanto avessi voluto. Sono ripartita, sono tornata di nuovo, ho fatto e disfatto valigie, ho appeso e ripiegato gli stessi abiti, ripassato le stesse frasi, tenuto a bada le stesse ansie. Tra un lembo e l'altro di questa storia familiare, tra la tragedia e poi la farsa, nell'altra città ho preso caffè troppo caldi e treni troppo affollati, ho aspettato autobus e attraversato porte di case non mie, ho corretto periodi ipotetici sbagliati, chiedendomi, a lezione terminata, se l'errore non fosse piuttosto in una percezione sbagliata delle conseguenze.

Adesso che i lembi combaciano, ora che tutto è ricucito, Rossella avanza al braccio di Luca come li avevo visti fare anni prima alla festa di fine anno del liceo. Lei è tanto più minuta, a tratti sembra che sia lui a portarla, che lei gli si aggrappi o che provi a trascinarlo giù senza successo. Quando li vedo camminare a passo lento, come se ancora stessero attraversando la navata centrale della chiesa, mi domando quante donne stiano in questo momento ripetendo quegli stessi gesti nella propria testa, quante alla fine della giornata torneranno a sfogliare le pagine di vecchi album sgualciti accanto a un uomo che aveva promesso loro tutto a patto che tutto loro gli rendessero. Il godimento delle donne anziane nel vedere due giovani sposi è un sentimento perverso. Sotto uno strato di genuina felicità per ciò che si crede sempre essere amore, giace la soddisfazione di vedere compiuta ancora una volta la stessa formula della loro storia. La ripetizione dei gesti, l'inserimento della nuova coppia in un posto ben preciso e identificabile, lei che si prenderà del tempo dal lavoro per badare ai bambini, i bambini che verranno sempre prima, il segno del caffè intorno ai fornelli, il graffio sul parquet, la chiamata al tappezziere per rimuovere lo smog dalle tende del balcone. Vite come versi formulari di cui cambiano i dettagli ma non la sostanza. Così sorridono le donne anziane al passaggio dei novelli sposi, pensano che tutto sommato il mondo va come è sempre andato e loro hanno fatto il proprio dovere affinché continuasse.

Da queste parti i matrimoni – proprio come i battesimi, le comunioni o i funerali – si fanno per gli occhi degli altri. Il peggiore oltraggio che una coppia possa fare è quello di pensare a una cerimonia intima, per pochi. Nella città di provincia tutti devono vedere, tutti devono mangiare fino a stare male, perché si dica che le famiglie non hanno risparmiato su niente, mentre i piatti di pesce all'acqua pazza ritornano intatti dai tavoli del ristorante. Si dirà che il menu era *bellissimo*, così ricco che è stato impossibile per chiunque arrivare alla fine.

La figlia di nove anni del socio di mio padre viene spinta al centro della sala a cantare vecchi stornelli napoletani con una voce da donna matura che ha fumato troppe sigarette, nel frattempo qualcuno già dorme sulla spalla della moglie, qualcun altro messaggia con l'amante sotto il tavolo dicendo che non ce la farà a passare dall'hotel quella sera. Il padre guarda lo spettacolo annuendo, poi si alza a distribuire bigliettini da visita con la faccia della figlia e il nome scritto in lettere dorate: *Colomba Zacchia, matrimoni, ricevimenti, occasioni.*

I tavoli hanno tutti nomi di fiori e il mio è il tavolo Ghirlanda. Ci sono Pasquale e Renato, già ubriachi dall'aperitivo, due ragazze che non conosco, probabilmente le cugine dello sposo, e poi c'è Agata, che non vedo dal giorno dell'addio al nubilato. Ogni volta che finisce di mangiare tira fuori lo specchietto dalla borsa e si ripassa il lucido sulle labbra gonfie.

«Non si sa mai» mi dice, cercando complicità mentre si

sistema anche il ciuffo biondo che le cade sugli occhi. Poi la cantante bambina intona *Munasterio 'e Santa Chiara* che è una canzone triste e veramente poco appropriata a un'occasione allegra come un matrimonio, ma questo non deve importare, perché è piena di virtuosismo e nessuno farà davvero caso alle parole.

«I matrimoni mi rendono incredibilmente allegra oppure triste in modo miserabile» dice Agata. «Da un lato c'è l'amore che sta là come se stesse andando a ritirare un premio Oscar, e anche tu ti senti bella e attraente, pronta a innamorarti subito, se dovesse presentarsi l'occasione. Dall'altro pensi a tutto quello che è andato storto prima. Capisci che sei pronta per l'amore perché ne hai abbastanza di stare sola. Alla nostra età J. Lo si era già sposata due volte» aggiunge. «A questo non devo pensarci».

La canzone triste, dopo un giro di gorgheggi da talent show, si è trasformata in una tarantella, qualcuno si è anche lanciato nello spazio vuoto davanti ai tavoli a dare spettacolo, mentre gli altri invitati battono le mani a tempo.

«Guardami, Clara» mi chiede Agata, e allontana la sedia dal tavolo, allunga le gambe, tira in dentro la pancia, stende il tessuto dell'abito sulla vita sottile. «Non sono brutta, non è vero?».

«Stai benissimo» le dico, e mentre pronuncio queste parole mi torna davanti quella ragazza insicura con l'apparecchio ai denti lasciata indietro a infestare per sempre l'aula vuota del liceo.

«Ormai ho trentun anni e mi devo dare una mossa se non voglio finire zitella. Tu stai con qualcuno?».

Penso a Tomás, che non mi ha cercata neanche una volta da quando sono ritornata in Italia. Del resto non l'ho fatto nemmeno io, anche se ci ho pensato.

«No, nessuno» rispondo come al solito.

«Ah».

Agata fa una pausa e si ferma anche la musica. La bambina prodigio cammina verso il tavolo dei genitori, ancora rossa in viso, prende posto sistemandosi sgraziatamente sulla sedia troppo alta e in un solo gesto goffo torna ad avere nove anni. Pasquale e Renato mandano messaggi alle damigelle del tavolo Violetta, si danno appuntamento al Belvedere di San Leucio alla fine della festa.

«Rossella è stata fortunata, con Luca. Ma comunque è così bella, sono sicura che non sarebbe mai rimasta sola» continua Agata. «E lui la ama così tanto. Ci credi che non l'hanno mai fatto?».

«Fatto cosa?» domando, per il gusto di farglielo dire.

«Sesso» dice lei, mangiandosi la parola tra i denti, la mano davanti alla bocca.

«E che ne sai?».

«Figurati... si sa» sbuffa Agata, come a dire *Ma dove vivi, non sai proprio niente, si vede che abiti fuori.* «Rossella è una ragazza molto seria. Che poi anche io, quando stavo con Daniel... lo abbiamo fatto solo dopo due anni, e comunque quando mi chiedeva certe cose mica gli dicevo sempre sì. Glielo baciavo soltanto, non è che andavo oltre».

«Baciavo cosa?» insisto ancora.

«Lo sai... quello...» dice lei sottovoce senza guardarmi negli occhi.

«Che cosa?».

«Il pene».

Prima che partissi, quando frequentavo la facoltà di Lettere, io e Agata eravamo diventate compagne di studi. Prima del suo botulino, prima dei filler e della dieta paleolitica in cui si era costretta a mangiare solo proteine e cibi non lavorati. Daniel non lo avevo mai visto ma era un nome che leggevo spesso sul suo cellulare. Lo teneva accanto ai libri e ai quaderni di appunti di Storia della filosofia. Lui era partito militare e stava su a Bolzano. Le faceva gli squilli ogni venti, trenta minuti, per ricordarle di chiamarlo in tutti i momenti di pausa. A volte dovevo salutarlo in lontananza, per dimostrargli di esserci davvero e che la storia di preparare gli esami non fosse solo una scusa che Agata usava per mettergli le corna. Lei comunque gli diceva tutto e non ho mai capito sulle basi di che cosa si fondasse quella mancanza di fiducia. Glielo avevo fatto notare un paio di volte, ma lei diceva che non era come pensavo io, quello non era controllo ma attenzione e anzi si riteneva proprio fortunata ad avere un ragazzo tanto apprensivo, uno che si interessa alle tue giornate e fa domande e chiede e vuole sapere con chi te la fai.

«Daniel pensa che sei strana» mi aveva rivelato lei un pomeriggio, mentre l'ennesimo squillo aveva interrotto il suo riassunto dell'introduzione del *Decameron*.

«Strana in che senso?» avevo chiesto.

«Non stai con nessuno, non esci mai, sembri sempre arrabbiata».

«Ma se non mi ha mai visto!».

«Dice che mi metti strane idee in testa. Daniel pensa che lo fai per farti notare, che soffri il confronto con tua cugina».

«È così, mi ha scoperta» le avevo detto. «Adesso possiamo continuare?». Mentre Agata riprendeva a parlare di Boccaccio ripetendo una per una le parole del professore, pensavo alle cose che le donne dicono a se stesse finendo per crederci. Le fiorentine scappano dalla peste e cercano gli uomini per mettersi al sicuro perché da sole non si giudicano in grado di regolarsi: "Noi siamo mobili, riottose, sospettose, pusillanimi e paurose" dice una, mentre gli uomini sono “femmine capo”. Più che una consolazione lo scrittore aveva regalato alle donne un po’ di pietà. Forse lo sapeva, forse lo immaginava che certe idee sarebbero sopravvissute per generazioni come la forma di un naso aquilino negli antichi ritratti di famiglia.

«A cosa pensi?» mi aveva chiesto Agata dopo una lunga pausa.

«A niente» avevo risposto.

«E allora svegliati, che tocca a te ripetere. Io ho finito».

Il dj ha iniziato a passare i revival, questo significa che siamo quasi alla fine del ricevimento. Parte *I will survive*, secondo me troppo presto, perché sono ancora tutti seduti. Mia madre apre le danze con il suo bagaglio di mosse disco dance buono per tutte le occasioni. Gli sposi battono le mani dal loro tavolo all'ingresso della sala.

«Che poi non è che se c'hai il fisico è scontato che trovi qualcuno. Serve comunque fortuna» dice Agata, quasi a rassicurare se stessa. «Prendi quell'amica di tua cugina, quella sua amica modella... un tempo stavano sempre insieme. Te la ricordi?».

«Leo» dice Renato dall'altro lato del tavolo. L'appuntamento con le damigelle è fissato e prova a inserirsi nei nostri discorsi. Pasquale lo segue aggiungendo un paio di commenti volgari di apprezzamento.

«Appunto» dice Agata, come a mostrare l'esattezza di un teorema. «Avrebbe potuto avere tutto. E invece sai che fine ha fatto? Ho sentito dire che se n'è salita a Milano. I genitori l'hanno tirata fuori da certi giri di coca e qui a Caserta non ci mette più piede. Certo era bella... ma si vedeva che non era per niente una brava ragazza. Pure Rossella lo aveva capito, alla fine ha smesso di frequentarla».

Leo, con l'abito bianco e la pelliccia di ermellino contro l'albero muschioso che affaccia sul bagno di Venere.

«A Milano, hai detto?» domando.

«A Milano, a Milano» conferma Pasquale, versandomi un altro bicchiere di prosecco.

«Qualcuno dice che si mantenga facendo la escort» sussurra Agata.

«Qualcuno chi?» insisto, perché improvvisamente questa storia mi sembra avere una direzione, dei suoi ritorni di senso.

«Qualcuno. La città».

La torta nuziale l'hanno portata fuori a mezzanotte e mezza radunando nel giardino tutti gli invitati. Rossella è esausta e Luca visibilmente ubriaco sorride al fotografo con gli occhi acquosi all'ingiù, come nelle migliori scene dei film con Hugh Grant. Lo osservo poco, giusto il tempo di notare quanto sia diventato l'uomo che si era prefissato di essere. Lo immagino l'indomani a rivedersi nelle foto rubate dai telefoni degli invitati, soddisfatto nel rilevare il potenziale cinematografico della sua sbronza.

Quante persone siamo stati dall'ultima volta in cui abbiamo provato a essere noi stessi? L'adolescenza è un territorio infame da cui nessuno esce mai vivo, e noi di certo non abbiamo fatto eccezione.

Nella sala Luca si muove davanti a me ed è un uomo tra tanti, un estraneo identico a tutti gli altri. Non mi stupirebbe trovare il suo profilo su Tinder con un'ampiezza di ricerca che arrivi fino a Roma, un tragitto facilmente giustificabile con i suoi impegni di lavoro.

Luca, 31 anni, notaio. Descrizione: i soldi non fanno la felicità, ma possono comprarla. Canzone inno: *I don't want to miss a thing* (*Armageddon* OST) – Aerosmith.

Nel corso della serata lui e Rossella sono passati tra i tavoli a raccogliere commenti e felicitazioni, assicurandosi che a tutti fosse dedicato lo stesso tempo. La sposa si è fermata al nostro tavolo al momento dell'antipasto. Come da etichetta, ci ha chiesto se tutto fosse di nostro gradimento. Sembrava uno di quegli spettacoli di teatro immersivo in cui tu guardi la storia procedere intorno a te, gli attori vengono a parlarti ma lo sai che alla fine si tratta di un copione e quelli non sono neppure i loro vestiti, ma li hanno presi in affitto coi fondi della regione per il Carnevale di Capua.

Tra i capelli biondi intrecciati in una pettinatura affettata, intravedo gli orecchini di lapislazzulo della nonna, falsi come tutte le altre pietre che conserva. Mi torna in mente quella filastrocca che in Inghilterra recitano alle spose durante la vestizione. Gli orecchini sono il suo qualcosa di blu, l'abito è qualcosa di nuovo, mentre i fermagli di madreperla che le tengono scoperte le tempie, quelli sono qualcosa di prestato, perché li riconosco da una vecchia foto di mia madre. *And a silver sixpence in her shoe*, dice l'ultimo verso, una moneta d'argento nella scarpa. Cosa significhi non l'ho mai saputo con certezza. Mi piace pensare che si tratti di una risorsa segretamente passata dalle mani di un'altra donna. Una moneta da conservare, da trasformare in altro quando e se ce ne sarà bisogno, un lasciapassare che come un obolo antico porti lontano la giovane sposa qualora fosse in pericolo o anche solo infinitamente triste.

Mentre tagliano la torta, sul fondo del cielo, in direzione delle cave, iniziano i primi fuochi artificiali che sembrano fatti apposta ma invece sono quelli della festa di sant'Anna. Nell'aria dei vicoli stretti la puzza di sudore si mischia al profumo delle mandorle caramellate, ora come cinquant'anni prima.

Luca lo incontro nel corridoio di specchi che porta ai bagni, dopo una lunga serie di bicchieri di vino. La mia immagine riflessa ha incrociato la sua e con leggero ritardo anche i nostri corpi se ne sono accorti. Mi sorride a mezza bocca, distoglie lo sguardo, anche se ormai ci stiamo davanti. Il sigaro che lui tiene tra le dita e il mio abito di seta che lascia scoperta la schiena sono parte dello stesso travestimento.

«Tanti auguri allo sposo» gli dico.

«Clara» risponde. «Stai bene. Sei molto elegante vestita da grande».

Lo ringrazio, poi accenno una giravolta e quasi perdo l'equilibrio. Lo vedo muoversi verso di me, porgermi una mano, ma gli dico che non è niente, che ho solo bevuto troppo.

«Ti stai divertendo?» mi chiede.

«Adeguatamente» rispondo. Gli ricordo che non sono mai andata troppo d'accordo con le cerimonie, ma che la serata è passata più in fretta del previsto. A questo punto, soddisfatto, lui alza il bicchiere di bianco e io faccio lo stesso col mio. Insieme beviamo e, quando subito dopo torniamo a guardarci, tra noi si impone un silenzio imbarazzante.

Luca non porta più la cravatta né la giacca, gli amici gliele hanno sfilate via nel mezzo delle danze, i capelli biondo cenere scuriti dal gel sono però perfettamente ordinati, come quelli di un Gatsby che non si è mai lasciato andare. È dagli anni del liceo che non siamo insieme da soli e sta succedendo di nuovo proprio adesso, nel giorno del suo matrimonio. Di tutte le scene che mi ero costruita nella testa, questa in particolare non l'avevo considerata. Nei miei primi anni a Londra, per esempio, e chissà perché soprattutto in inverno, avevo fantasticato all'idea di ricevere un suo messaggio. Era in città con dei vecchi compagni di classe oppure con i suoi nuovi compagni di studio. Era venuto a vedere una partita di Champions, oppure aveva approfittato di qualche volo low cost. Una volta avevo organizzato la scena al Natural History Museum, passeggiavamo sotto le ossa della grande balena e poi attraverso quelle dei t-rex. Un'altra volta ci perdevamo nel mercato di Portobello Road, tra i colori delle stoffe consumate e le vecchie pellicce. Nei miei sogni a occhi aperti non parlavamo mai, ma poi faceva freddissimo, a uno dei due tremavano le mani e allora l'altro gliele strofinava nelle proprie, per fare caldo. In quelle sceneggiature fittizie eravamo di nuovo ragazzini, la nostalgia aveva cancellato i dettagli più dolorosi e forse per questo non c'erano mai state scuse o rimpianti da contemplare.

Luca si guarda le scarpe, poi prova a prendere un tiro dal sigaro e subito si gira per soffocare un colpo di tosse.

«Davvero ti piace quella roba?» gli chiedo.

«Non è che mi piace, ma non mi dispiace neppure. Pare che sia l'ultima moda dei matrimoni».

«Ci sono mode per i matrimoni?».

Invece di rispondermi, Luca si ferma a osservare la sua immagine davanti allo specchio. «Oltretutto il fumo mi dona, lo dice anche Rossella».

Sorrido, ammetto che tutto sommato sono sempre stati fatti l'uno per l'altra, allora lui si affretta a chiedermi se sia davvero così, se è una cosa che penso veramente.

«Sul serio ti interessa saperlo?».

Solo quando torna a guardarmi noto i suoi occhi acquosi e le guance arrossate dall'alcol. La mia opinione, mi dice, è sempre stata speciale. In qualche modo diversa.

«Mi piacevi molto. Mi piaceva la tua testa» confessa, e sono parole belle, parole calde, benché pronunciate ormai fuori tempo massimo. La voce di Luca porta con sé qualcosa di indecifrabile, un po' simile al rancore, che sale in superficie e lo tradisce.

«Ti piacevo?» gli domando. «E poi cos'è successo?».

«Non mi hai mai permesso di starti vicino veramente» risponde.

È la prima volta che me lo sento dire e incassato così,

senza troppe difese, questo colpo mi suona un po' come una rivelazione.

«Tu sei una che fugge, corre lontano anche quando sta ferma. Rossella invece...».

«Rossella...?».

«Rossella è un punto fermo».

A guardarlo attraverso il bicchiere di cristallo che tengo in mano, il profilo di Luca diventa dorato come il vino, lo vedo deformarsi, farsi più grande, a mano a mano che lui si avvicina a me.

«A maggio ti ho vista all'ospedale» dice, e il tono è improvvisamente serio. Come se quella parola – "ospedale" – avesse avuto il potere di allontanare per un momento l'effetto dell'alcol. «Te ne sei subito andata».

«Avevo da fare».

«Volevi evitarmi?».

Da fuori si sente lo scoppio degli ultimi fuochi. Un'invitata passa tra di noi diretta al bagno delle donne, entrambi sorridiamo e restiamo in silenzio fino a quando non arriva il rumore dello scarico dall'altra parte.

«Torniamo fuori» gli dico, appena la donna ricompare per uscire.

Faccio per andarmene, ma la mano di Luca mi sfiora il braccio nudo. Mi chiede di aspettare, che c'è una cosa che deve dirmi a tutti i costi e mi sembrerà assurdo, ma solo adesso è ubriaco abbastanza da avere il coraggio di farlo.

«Mi sei mancata» mi dice. «La verità è che non sono mai stato tanto me stesso come quando eravamo insieme» ed è così vicino che sento il suo respiro.

Nei miei sogni la scena finiva subito dopo questo punto e così adesso, contro ogni previsione, mi ritrovo senza niente da dire.

Luca farfuglia il primo verso di una delle mie vecchie poesie, quella sul fantasma, e se fossimo davvero dentro un film questa scena verrebbe tagliata oppure riscritta. Nessuno ha mai visto il fascinoso protagonista comportarsi in modo tanto ridicolo.

«Sei ubriaco» gli ricordo.

«Era come dicevi tu» insiste. «Ho immaginato di venirti a cercare di nascosto, senza disturbare, solo per accertarmi che stessi bene».

«Avresti potuto chiamarmi, invece, almeno per scusarti».

«Hai ragione, avrei potuto, ma a un certo punto tu hai smesso di parlarmi».

«È successo che tu hai scelto Rossella. Sei tornato con lei. Lo sapevi fin dall'inizio».

«L'ho fatto solo perché ho provato a immaginare se al posto suo adesso ci fossi stata tu».

«E allora? Cos'è che hai visto?».

La mia voce mi sfugge, si alza, elude il controllo, ma Luca, di contro, risponde quasi in un sussurro.

«Niente. Non ho visto niente».

Mi toglie il bicchiere dalla mano e lo poggia insieme al suo sul mobile del corridoio. Come un Leonardo DiCaprio in odore di Oscar si rivolge alla mia immagine nello specchio, dice che io e lui non saremmo mai stati davvero felici, che io sono uno spirito inquieto e prima o poi lo avrei lasciato indietro per andare altrove, lontano, come infatti è successo.

Mi domando quale storia si stia raccontando, come è possibile che in questo suo mondo sia io la parte più crudele, inafferrabile e decisa, e lui l'eroe sconfitto che non è riuscito a essere abbastanza.

Com'erano andate davvero le cose? Che posto aveva nel suo racconto l'umiliazione che avevo subìto?

Dentro di me si fa spazio un vuoto incontenibile.

«Ci pensi mai a quei giorni della cava?» insiste lui. «Ti manca mai come eravamo allora?».

È solo adesso che me ne accorgo. Davanti a me c'è ancora quell'adolescente che si addestrava a tenere tutto dentro in una corazza di perfezione, il ragazzino che un giorno ha confuso la libertà con la rabbia e ha fatto a pezzi la vecchia casa di suo nonno sotto i miei occhi, per poi rientrare subito nei ranghi.

«Certo che ci penso» gli rispondo «ma al contrario di te io spero di non tornare mai più a essere quella persona».

Pronuncio queste parole per la prima volta e sento che non sto mentendo.

Con un gesto sgraziato provo ad allontanarlo come si fa con una mosca che ti sta addosso da troppo tempo, invece colpisco uno dei nostri bicchieri che cade a terra in tanti piccoli pezzi. Una sottile striscia di sangue emerge lenta sulla mia mano, poi sento arrivare il bruciore.

«Fammi vedere» fa lui, con premura.

«Lascia» gli dico. «Faccio da sola».

Luca mi afferra il polso, soffia sulla ferita, ma io mi ritraggo e gli chiedo di andare. Gli chiedo per favore di andare. Si è fatto tardi. È un sacco di tempo che è troppo tardi per un sacco di cose.

Nella campagna intorno, sotto i fuochi d'artificio, hanno iniziato a bruciare le colline. Sono i primi incendi dell'estate, iniziano timidi come stelle e tremano al vento, sono piccoli punti fragili di luce. Entro la fine della stagione avranno mangiato l'intero fianco, che resterà nero e vuoto a lungo fino all'arrivo delle ruspe. Sono perfino belli gli incendi visti da lontano, nel buio pesto della campagna. Basta immaginare che siano stelle nuove. Mio padre li indica parlando animatamente con un gruppo di invitati, dice loro che sotto la sua amministrazione certe cose non sarebbero successe.

Zia Imma ha preso molto seriamente il ruolo di madre della sposa e intrattiene il gruppo delle donne, accomodate sul dondolo e sulle sedie di vimini. Anche se non riesco a sentirla so che sta raccontando della casa che ha messo su per Rossella, del cassettone Luigi XVI preso all'antiquario, che se suo marito conoscesse il prezzo le chiederebbe il divorzio.

Zia Clarissa se ne sta buona buona in un angolo, seduta accanto a padre Vincenzo a scontare la sua vergogna anche nel giorno di festa. Osserva tutti da lontano e forse li scruta dentro, forse prega per loro, forse prova a fare un gioco e coi suoi occhi piccoli tira a indovinarne il futuro, cosa diranno quando il mondo si aprirà e ciascuno dovrà rendere conto della propria vita. Buoni e cattivi. Clarissa gioca al giudizio di Dio.

Adele, mia madre, balla da sola e canta a squarciagola le strofe di *50 Special* cambiando le parole, lo fa lontana dallo sguardo di mio padre, che non sopporta di vederla dare spettacolo davanti alla gente. Mi piace immaginare oltre quel suo corpo appesantito e sotto il volto troppo truccato i contorni della bambina che era, con la televisione accesa e i foulard della nonna usati come gonne dell'Ottocento. Se ne sta lì, ne sono certa, sotto le palpebre chiuse strizzate forti a immaginare altri modi per essere felice oltre quello di perdere la testa ogni tanto, quando non pare brutto.

Non c'è matrimonio senza lacrime, non c'è funerale senza riso. L'ho sentito dire una volta e da allora non posso fare a meno di notarlo. Se ai matrimoni si piange, sotto sotto, perché ci si rende conto di quanto passi velocemente il tempo per tutti – *erano bambini e adesso guardali mettere su una famiglia* – ai funerali invece accade il contrario: ci si accorge di quanto tempo ci sia ancora per noi, noi che siamo rimasti. Sappiamo che non è ancora il nostro momento, non ora che in quella cassa c'è il corpo freddo di qualcun altro. Siamo stati risparmiati ancora una volta. La risata è sollievo e al tempo stesso trasgressione di coloro che per troppa vita non riescono a osservare il silenzio.

La nonna lo aveva anticipato col suo sogno, continua a ripeterlo. Avanza lenta nella navata accompagnata da Alba, che sotto una giacca nera ben chiusa prova a nascondere uno dei suoi abiti fucsia. Prende posto al primo banco, accanto alle sue figlie e ai loro mariti. In seconda fila c'è la donna dai capelli biondo platino, con una veletta nera poggiata sopra la messa in piega appena fatta.

Zia Clarissa è morta la sera dopo il matrimonio di Rossella. È tornata a casa, si è messa a dormire e non si è più rialzata. È stato un ictus improvviso, come era capitato al padre anni prima, ma nella quiete del suo letto. È stato proprio il parroco a dare l'allarme, l'uomo che adesso dal pulpito la ricorda come una santa, una donna che si è annullata per il bene del prossimo, un pilastro per la piccola comunità. Padre Vincenzo è un uomo non più giovane ma neanche vecchio, i capelli fissati con la lacca gli formano un unico blocco solido sulla testa, rendendolo una versione più o meno sacra di Ken. Clarissa era con lui dal rosario delle sette del mattino alla messa delle sette della sera. Dormiva serena, quando l'ha trovata. Le sue mani erano già gelide di morte (e mentre lo dice gli si spezza la voce).

È un giorno afoso di fine luglio. La nonna non ce la fa ad andare fino al cimitero, non riesce a stare in piedi da sola, così mi offro di riportarla a casa insieme ad Alba e aiutare ad allestire lo spazio per ricevere gli ospiti.

«Ero convinta che sarebbe venuta per me» continua a ripetere la povera vecchia. «Ero convinta che quel sogno lo avevo fatto per me stessa».

Organizzo la grande tavola di legno al centro del soggiorno, faccio spazio perché possa accogliere il cibo del *consolo* che i vicini porteranno in teglie di alluminio perché la famiglia in lutto non debba pensare a niente, oltre alla propria disperazione. La nonna torna a prendere posto sulla sedia a dondolo, ha tirato fuori un piccolo orso di peluche e se lo stringe forte all'altezza del diaframma, come una bambina. Alba mi fa cenno di seguirla in balcone a prendere un po' d'aria prima che arrivino tutti. Oltre i palazzi, attraverso l'afa e la caligine, spunta la pietra viva delle montagne mangiate.

«Colpa loro se in estate in città non si respira» dice. «La pietra diventa bollente e ci asfissia tutti quanti. Ma tanto in un modo si deve morire, a Clarissa è capitato questo, come a suo padre. Pace all'anima sua». E con la mano fa il gesto della croce, sigillandolo con un bacio sulle nocche.

«Il parroco ha avuto delle belle parole» osservo. «Sembrava conoscerla bene, dovevano essere buoni amici».

Alba scoppia in una risata che sembra aver trattenuto a lungo, covata dentro fin dall'inizio della messa.

«Amici! Che bella che sei». Poggia le sue mani callose sulle mie spalle scoperte. Mi dice che Clarissa e il sacerdote erano amanti. Lo dice con certezza, guardandomi negli occhi e ben attenta a tenere bassa la voce, sia mai che la notizia arrivi alla nonna.

«E tu che ne sai?» faccio io, irritata dal suo tono saccente. Allo stesso modo doveva essersi rivolta a mio padre quando anni fa gli aveva insinuato l'idea che mi facessi di droghe pesanti.

«La gente parla, Clara, e io so fare di conto» mi spiega. «Come mai pensi che il prete avesse le chiavi del suo appartamento? Tua zia è morta mangiata dal dolore e dai sensi di colpa, senti a me. Come a suo padre, tale e quale a suo padre».

Non faccio in tempo a risponderle che bussano alla porta. Alba va ad aprire mentre io mi avvicino alla nonna. Le prendo con forza una delle mani con cui ancora avvinghia il peluche, come se il piccolo animale fosse un pezzo di roccia a cui lei deve tenersi attaccata a tutti i costi, per non precipitare. Il primo gruppo di persone entra nella stanza con un vassoio di lasagne fumanti.

«Se n'è andata via una santa» dice qualcuno.

Il consolo comincia.

Ci stringiamo tutti nel soggiorno della casa, gomito a gomito, ed è così tanta la gente che passa, che entra ed esce portando teglie di ogni dimensione e contenuto, che la porta deve rimanere aperta e ci si accalca fin sopra il pianerottolo. Il sacerdote siede accanto a mia nonna, con mia madre e zia Imma che ripercorrono la vita di Clarissa in episodi. Pasquale e Renato stringono mani che non conoscono, distinti nei loro abiti neri inamidati. Domani partiranno per l'Australia. Andranno a trovare il padre, dopo anni. Dietro gli occhi rossi di pianto c'è in loro la strana euforia di chi si trova per la prima volta a fare da sé.

Clarissa la pia, Clarissa la santa, Clarissa innamorata. Il racconto – riportato da Alba con malizia – invece che disdegno, scandalo o sorpresa suscita in me un'immensa pietà per la defunta.

La gente continua a entrare nella stanza, il caldo è asfissiante e io sono in piedi con un piatto di plastica vuoto tra le mani.

«Quando torni, Clara?» mi chiedono.

«E tu quando ti sposi?» domandano.

«Devi fare in fretta, altrimenti quando lo farai un bambino?».

Osservo a distanza le donne della mia famiglia, quelle che sono state e quello che sono. Attraverso i loro sorrisi e i loro desideri mancati: dire sempre di sì, essere cordiali e accoglienti anche quando ti esplode dentro la rabbia e tuo marito è in bagno con la sua amante il giorno del funerale di tua sorella; anche quando hai dato la tua vita per la carriera del tuo compagno e ora ti rendi conto di non stringere nulla che ti appartiene; anche quando tutti intorno ti prendono la mano perché tua figlia è morta e sai benissimo che pensano che saresti dovuta essere tu, invece sei ancora lì a fargli spendere i soldi della badante, li costringi a fare i turni nei fine settimana e a sentirsi in colpa quando vanno in vacanza. Mi faccio strada all'aria aperta per liberarmi da quel torpore tossico. Rossella è là che guarda lo schermo del telefono, appoggiata con i gomiti alla ringhiera.

Mia cugina è nata l'1 gennaio alle quattro del mattino. Esattamente un mese dopo, l'1 febbraio, sarei nata io. Un capricorno e un acquario. La domenica dopo pranzo, mentre le nostre madri aiutavano a rassettare la cucina, io e Rossella aspettavamo che trasmettessero l'oroscopo su Telecapri, poi facevamo a turno. Io ascoltavo il suo, lei ascoltava il mio, con il patto di preservare l'altra da notizie cattive. Le omettevamo, invece, qualche volta trasformandole nel loro contrario, stando bene attente a non recare all'altra una preoccupazione. Iniziavamo la settimana così, emozionate di andare incontro alla fortuna.

In quarta elementare avevamo trovato accanto ai lavatoi dei bagni nel cortile una copia del magazine *Astrella*. Sapevamo dove lo tenevano nascosto le studentesse delle magistrali – terza porta dall'ingresso, incastrato tra il water e il muro, lontano dalla vista delle suore, che avevano iniziato a sequestrare ogni oggetto che rimandasse all'astrologia. Alla fine degli anni Novanta le istitutrici avevano avuto un bel daffare, perché i magazine per ragazzine, con i loro colori fluorescenti e i toni del rosa, giravano sottobanco come materiale di spaccio tra le più grandi, contribuendo ad accrescere la fascinazione nelle più piccole, ancora escluse dai misteri delle stelle. Chiuse dietro la porta di legno gonfio e umido, nascoste dentro il rumore dell'acqua dei rubinetti che perdevano, degli scarichi tirati male e dei tubi del riscaldamento che ci passavano sopra le teste, abbiamo imparato dei segni di terra, d'acqua e d'aria.

«Ora si spiega» aveva detto Rossella. «Questo è il motivo per cui dobbiamo stare sempre insieme» aggiunse mostrandomi i nostri due segni sulla pagina lucida. «Io sono la terra, e tu sei l'aria. Se non sono con te rischi di cadere, se tu non sei con me io non respiro».

Mentre la osservo di spalle sul balcone della casa del lutto – giovane sposa di pochi giorni – penso a come, pur di stare in vita, le persone elaborino strategie di compensazione per quanto gli sia venuto a mancare. In tutti questi anni di distanza, vorrei dirle, io sono caduta molte volte. Sono certa, questo lo so, che anche a lei è venuto a mancare il respiro. Oltre la porta chiusa dei bagni comuni, era stato il cortile a renderla complice della malia endemica che un giorno era scesa sulla nostra città bassa e non l'aveva più lasciata, il cortile come il panottico di una prigione, dove tutti sono controllati e tutti controllano, dove tutti sono giudicati e tutti giudicano, tenuti dritti per paura e non per vocazione.

Il glitter che solo qualche giorno prima le illuminava gli zigomi è ancora lì, riluttante a farsi lavare via. I capelli sciolti, tenuti di lato, hanno ancora i ricci definiti dal ferro e l'odore acre della lacca. Rossella mi sente arrivare, si gira, mi saluta con un tono di voce perfettamente in equilibrio tra afflizione e serenità.

È la prima volta che riesco a parlarle da quando ho letto il suo diario.

Mi chiede della festa, di Agata, della musica, del cibo, degli abiti degli invitati. Poi ritorna a zia Clarissa, la definisce una tragedia inattesa.

«Lo dicevano anche del tuo incidente» commento.

Lei si sfiora la tempia con la mano destra, una reazione automatica.

«Davvero non ricordi più nulla?».

«I dottori dicono che non devo sforzarmi» risponde pacata.

«Non ricordi che quel giorno dovevamo vederci?» le domando.

Lei solleva le spalle.

Siamo sole, ma tra noi ci sono quell'incidente e l'attimo della sua esitazione, ci sono Leo e quella giornata al parco, al bagno di Venere, le loro mani che si sfiorano pallide come i vestiti che indossano, le labbra arrossate per il sangue che pompa veloce sottopelle.

«Ti aspettavo lì, al lato della piazza, ti ho aspettato a lungo».

Rossella sorride serafica e pietosa.

«Avevi detto che avremmo dovuto parlare, che avremmo dovuto trovare del tempo per noi, avevi qualcosa da dirmi, era chiaro...».

Muove la testa, accenna un no.

«Dovevi parlarmi» ripeto.

«Ricordare mi fa male» lei dice. E non saprò mai se si riferisce a un dolore fisico o a un dolore più profondo, che non si può dire, ma che io riconosco.

«Ho trovato il tuo diario» confesso «e quella lettera che non mi hai mai spedito». Le parole sono una caramella amara che sputo di getto.

Dentro, nell'appartamento, il chiacchiericcio degli ospiti attorno a mia nonna è una nuvola che respira, si gonfia e si sgonfia, raggiunge picchi alti e poi silenzi che durano pochissimo, perché il silenzio è crudele, nel silenzio si riconoscono le disperazioni di ciascuno, e allora bisogna parlare, parlare ancora di nulla, della spesa, del caldo, del matrimonio appena passato, parlare delle letture dell'estate, delle vacanze, dei nuovi locali del litorale, delle diete lampo pubblicizzate sul supplemento salute.

Rossella mi guarda immobile.

Quella che mi attraversa le labbra è un'apologia non richiesta. Torno al confessionale, sono solo una bambina, sono inginocchiata sul cuscino di velluto color porpora che puzza di polvere. Elenco al parroco i miei peccati e mi batto forte il petto, più forte, per scontare la colpa, lavarmela via, strapparmela di dosso.

«Avevo bisogno di sapere».

«Sapere cosa?» ribatte lei, per la prima volta a voce alta. «Sapere cosa?» ripete, abbassando il tono.

«Sapere se quella macchina l'hai aspettata, invece di evitarla, se l'hai cercata perché ti sembrava l'unico modo...».

«L'unico modo *per cosa*?» scandisce.

Le parole che vorresti dire non sono mai le stesse quando le pronunci. Le parole dette ad alta voce si scontrano con altri corpi, innescano meccanismi, ti tornano indietro, ti attaccano, fanno tempesta.

"Io sono la terra e tu sei l'aria".

«Quello scontro con la macchina l'hai voluto?».

Dall'appartamento le voci calano, scende il silenzio. Per un attimo lungo tutta la nostra vita nessuna delle due dice niente. Restiamo a guardarci.

«Ho letto di Leonora. Ho visto il biglietto della metro di Milano: era timbrato. Sei andata a cercarla? È da lei che sei andata quando sei sparita nel nulla?». Rossella sa che non ho alcun diritto di farle tutte queste domande, lo sa, me lo dice, lo so anch'io, ma è tutto inutile.

«Cosa vuoi che ti dica, Clara?».

«Voglio sapere perché sei sparita, voglio che tu mi dica che non ne potevi più».

Il suo volto disteso e luminoso diventa scuro, si contrae.

«Pensi di essere l'unica a poter fare di testa tua? Ti infastidisce sapere che anche io possa aver fatto qualcosa contro le regole ogni tanto?» insinua lei. «Volevo rivedere un'amica, ecco tutto, e adesso basta col tuo interrogatorio. Invece vuoi sapere cosa penso io? Che tu sia andata via perché qui non eri nessuno e questo non lo potevi sopportare. Te ne sei andata via e credi di essere migliore di quelli che sono rimasti, migliore di tutti, migliore di me».

Vorrei dirle che si sbaglia.

Mi ripeto, dentro la testa, che non stanno così le cose. Ascoltami Rossella, ascoltami senza giudizio.

«Sei sempre stata gelosa di me e Luca» dice, come avesse realizzato la cosa all'improvviso. «Ecco cosa ti prende. Pensi che non me lo abbia raccontato? Pensi che mio marito non mi abbia detto di quanto gli sbavavi dietro al liceo quando ci siamo lasciati?».

Dice: "mio marito". Due parole che lei innalza tra noi come un muro.

«Non è così» sussurro. Un milione di parole si accumulano sopra i miei polmoni, non riesco a mandarle giù ma neanche a buttarle fuori tutte.

In quel momento mia madre ci raggiunge sul balcone, ha piccole gocce di sudore all'attaccatura dei capelli, il trucco sciolto intorno agli occhi ancora non rimosso dopo le lacrime versate in chiesa.

«Non mi sembra possibile» ci dice.

«Davvero» risponde Rossella.

Le lascio lì da sole e rientro ad abbracciare la nonna, che continua a stringere il suo orsetto, guarda il pavimento e accenna un sorriso ogni tanto a chi le rivolge la parola. La abbraccio più forte che posso, poi cerco le chiavi della macchina nella giacca di mio padre e vado via, facendomi spazio tra la gente che continua a mangiare in piedi, nel mezzo della stanza, gente che mangia e che ride in tanti modi diversi per ricordarsi di essere ancora tra i vivi.

La città a fine luglio è già quasi deserta, il cemento scuro arginato tra i marciapiedi è un placido canale dalle acque immobili. Con la macchina attraverso le strade del centro, passo davanti alla chiesa di Sant'Antonio e a un gruppo di anziane signore che si stringe intorno ai manifesti di morte. Procedo oltre la scuola media e il liceo classico, a ritroso percorro le storie che mi appartengono fino alla piazza del comune, per risalire verso quella del mercato, il passato come un ologramma che si muove su uno scenario vuoto.

Incollati su certi muri vecchi e sgarrupati, se ne stanno i segni della festa. Stampati in nero su una carta gialla ci sono i messaggi di saluto per la santa che domani passerà in processione finale sulle spalle degli accollatori del rione, i loro muscoli in tensione, gonfi e abbronzati sotto il legno delle travi. Uomini di diverse generazioni: padri, figli, fratelli. Uomini forti, e quindi uomini veri. La città bassa tra le montagne mangiate, a quaranta chilometri dal mare, quando è estate si trasforma e si rivolta, diventa la città di chi cerca una grazia, la città delle magliette senza marca, delle tute Legea sporche di grasso, delle tinte per capelli fatte in casa con l'ammoniaca che ti brucia la pelle.

Noi la festa di sant'Anna non l'abbiamo mai vista. Noi ragazze perbene che ogni estate a fine giugno partivamo per le nostre case al mare, nascondendo nei cassetti piccoli messaggi per quando saremmo tornate a settembre; in una grafia ancora mutevole continuavamo a chiederci troppo presto se sarebbe stata quella l'estate del nostro primo bacio. Ma la città d'estate è un carnevale che rovescia i ruoli, offre se stessa a chi non ha potuto permettersela durante i mesi invernali, quando i bar e i ristoranti sono pieni di persone dalle mani lisce, senza calli.

I video della processione su TeleLuna si assomigliano tutti nel tempo e li distingui solo dalla qualità della pellicola o della risoluzione digitale. Adele, Imma e Clarissa sbucciano fagiolini verdi sul tavolo della cucina della casa al mare, sono bambine, poi sono ragazze, siedono in ginocchio sulle sedie. Nell'angolo della stanza la televisione accesa in sottofondo parla della città che hanno lasciato in pausa, un primo piano sulle facce sforzate dei fedeli nell'atto di sollevare la statua della santa, poi stacco sulla banda. Anni dopo ci siamo io e Rossella, i libri aperti sulla tovaglia incerata mentre facciamo i compiti delle vacanze dopo pranzo. In televisione, tra gli uomini e gli adolescenti che trasportano la santa, c'è sempre un ragazzino che a stento arriva a toccare la trave con la spalla. Ogni anno, ogni decennio, gonfia il bicipite per mostrare agli altri che ce la fa. Ha una peluria sottile che si poggia sul labbro come un'ombra. Quella sera il padre gli insegnerà a farsi la barba per la prima volta.

Guido attraverso le strade vuote e quasi non le riconosco. Spingo in alto la macchina verso la città vecchia senza sapere esattamente perché, fino a che il tempo si trasforma in una mattina di scuola qualunque in cui non abbiamo studiato e coi motorini andiamo a nasconderci su nei pressi della rocca, ci giriamo una canna, facciamo finta di essere più sballati di quanto non siamo, nascondiamo la tosse per non far notare che non sappiamo ancora aspirare.

C'era una volta una città in cui ogni cosa era di plastica. C'erano fiori di plastica in vasi di plastica, e anche la terra, a guardare bene, era di plastica. Di plastica era l'innaffiatoio con cui le persone fingevano di dare acqua alle piante, di plastica erano le persone stesse, la loro pelle perfetta, impermeabile come le loro vite senza macchia. Nella città di plastica tutti seguivano perfettamente la loro parte, ciascuno fedele al proprio ruolo e al proprio posto. Tutto era prevedibile perché tutto avveniva secondo le regole: questo era il segreto per tenere lontano ogni turbamento. A volte, solo a volte, quando la luce si inclinava in un certo modo al tramonto, qualcuno sembrava più reale degli altri, ma solo per un momento. Un brivido di orrore attraversava la schiena di chi aveva intravisto l'anomalia, neanche il tempo di capire se fosse accaduta davvero o se era stato il caldo, una folata d'afa venuta giù dalle montagne insieme alla polvere.

A Rossella non chiederò oltre. Che senso avrebbe? Tuttavia penserò spesso a quei suoi giorni a Milano come a un momento sospeso tra due vite. Continuerò a domandarmi se abbia mai contattato Leo, e se poi – non avendo ricevuto risposta – si sia ritirata da sola in una stanza d'albergo troppo stretta. In un'altra versione della storia Rossella invece ha aspettato l'amica seduta al tavolino di un caffè di Brera sfogliando un giornale di moda, come amava fare per passare il tempo, finché l'ha vista attraversare la strada al braccio di un uomo di vent'anni più vecchio, Leo sempre maestosa come il velluto scuro.

In uno di questi mondi Rossella l'ha fermata e ha confessato di aver sbagliato tutto, che avrebbe dovuto dirle cosa provava troppo tempo prima, e allora – anche se quel sentimento non fosse stato corrisposto – quantomeno lei sarebbe stata sincera, una persona diversa da quella che si era obbligata a diventare.

I mondi che esplodono in silenzio dalle vite che non abbiamo scelto sono infiniti. Noi procediamo avanti e ogni passo è una picconata che sottrae materia dal blocco di marmo che stiamo scolpendo.

C'è un'altra piega nascosta nel manto del tempo in cui Luca non ha mai iniziato la rissa contro il suo compagno di scuola quel giorno di maggio. In questo mondo non prova nessuna vergogna alla prospettiva di sembrare debole al branco, né gli interessa rivendicare il suo possesso su una ragazza.

A guardar bene, poi, in queste vite sospese c'è posto anche per me. Davanti agli occhi ho l'immagine di quella che ero – impacciata sotto strati di vestiti larghi – ma sono anche coraggiosa e fiera, e non mi importa di niente se non che insieme io e Luca potremmo essere felici, salire e scendere dallo skate in pomeriggi infiniti in cui la smetto di pensare di non meritare l'amore, che l'amore sia solo un premio per corpi conformi, non per il mio, non io.

Nel mondo presente – quello che abbiamo scelto – Clara, Luca e Rossella restano tre infelicità che si sono inseguite senza mai toccarsi. Ci siamo affannati a proseguire lungo un circuito in cui ci era stato detto di correre e non fermarci. Se solo ci fossimo osservati più a lungo quando era il momento, se solo ci fossimo riconosciuti stanchi, allora per dispetto avremmo cambiato direzione, ci saremmo caduti addosso e poi ci saremmo rimessi in piedi riprendendo il cammino su un sentiero sterrato.

La città vista dall'alto è un tappeto disteso, di quelli su cui giocano i bambini con le loro macchinine di latta, con le strade e i semafori, e le case e la scuola, tutto al posto giusto. Vista dall'alto della rocca all'ora del tramonto, la mia città s'intimidisce, le finestre restituiscono la luce in piccoli abbagli come a dare segnali a qualcuno lontano, un messaggio segreto lasciato agli aerei che passano.

Alla fine dell'estate il borgo medievale si riempie di gente, al castello ci fanno i concerti, nella piazza della chiesa scrittori famosi si contendono il palco e un po' si gongolano negli sguardi della gente, un po' s'innervosiscono per quei neonati che non la smettono di gridare mentre loro parlano di massimi sistemi. Al contrario, in inverno, i pochi abitanti attraversano i vicoli pietrosi trasportando la legna per le loro case, qualcuno monta le catene alla macchina, qualcun altro la mette dentro, al riparo, per paura che ghiacci, che tanto a uscire non si uscirà più almeno fino alla messa di mezzanotte, a Natale.

Ma a luglio, a fine luglio, Casertavecchia è piena di famiglie che vengono a prendere il fresco mentre in città si boccheggia. È la prima volta che ci torno dopo molti anni, forse la prima volta in assoluto nel mezzo dell'estate. Sono salita fino al castello e poi ho imboccato i vicoli stretti fino al belvedere che è silenzioso e vuoto, mentre a gruppi le persone si avviano verso le taverne.

Il cielo cade sulla città bassa e a tratti sembra di stare a Miami. Qualcuno ha tirato su un'edicola votiva alla

Madonna e ci ha piantato intorno un gruppo di palme che moriranno presto, come fanno tutte le cose quando non appartengono ai luoghi.

Alle mie spalle la Torre dei Falchi è già scura. Negli anni Settanta era un posto pieno di immondizia e rifiuti, i roditori passavano dal bosco alla rocca indisturbati fino a quando un manipolo di hippie non si è messo a ripulirla tutta. Venivano da tutto il mondo: dal Canada, dalla Polonia, dall'Ungheria. Dormivano a casa di chi voleva ospitarli, aiutavano le famiglie col raccolto, e fino a sera si spezzavano la schiena dentro le mura del castello per riportarlo in vita. Erano felici. Ogni tanto ancora si vede qualche straniero dai capelli bianchi percorrere le vie secondarie fino alla chiesa, un forestiero che però non è un turista, il suo sguardo che si ferma su particolari insignificanti: non una guglia, non una bifora, ma un sasso incastonato lungo il pavimento della salita. Non il panorama, non i tetti fitti delle case, ma un portoncino ordinario, che non dice niente agli altri passanti. M'immagino che sia uno di quei ragazzi tornato dopo tanti anni nel posto in cui si era innamorato per la prima volta. Veniva da un paese dell'ex Jugoslavia, oppure dalla parte sbagliata di Berlino, veniva dall'Algeria o dal Marocco, veniva dal mare. Dentro la rocca aveva fatto l'amore con una ragazza con troppi passi dentro le scarpe e si erano risvegliati insieme all'alba per rimettersi al lavoro finché il sole era basso.

La rocca ha iniziato a decadere molti anni prima che venisse su il Palazzo Reale. La città nuova si è sviluppata ai piedi di quella vecchia, aguzza e scoscesa. Caserta è nata per i sudditi perché fossero sempre sudditi, sempre ben in vista, sotto controllo, in attesa di un cenno di approvazione che arrivasse loro dai potenti. Anche la natura dentro le mura della Reggia pare obbedire a leggi umane fatte di ordine e spettacolo, mentre qui sulla rocca si respira un'aria ancestrale e selvaggia, e devi stare attento a non girare troppo a lungo nelle notti invernali, da ubriaco, perché lupi e cinghiali non hanno paura dell'uomo, che è solo una creatura tra tante.

Guardo la città dall'alto del borgo e mi appare in tutta la sua fragilità. Vedo la solitudine delle case che a una a una si illuminano, scompartimenti e scatole che custodiscono vite separate, maschere fisse imprigionate dietro se stesse.

Gioco a riconoscere le isole all'orizzonte senza troppo successo, quando sento un rumore di passi farsi più vicino. È una donna col viso sporco di terra e i capelli raccolti in un cappello da cowboy, tra le mani ha un fascio di lattuga avvolta in malo modo da una carta di giornale. Si avvicina a me e poggia il suo carico sul muretto vicino, si pulisce le mani dalla terra in due schiaffi secchi, poi toglie il cappello, si sfila una matita dai capelli e lascia cadere una massa disordinata di ciocche color cenere.

«Che bello trovarti di nuovo, che sorpresa» mi dice Flavia.

Così da vicino, senza trucco, riconosco sul suo viso tutti gli anni che sono passati.

«Mi dispiace molto per tua zia» sussurra con dolcezza. «Come vedi le notizie ti raggiungono anche se vivi in cima alla montagna».

Mi accarezza una spalla con la mano sporca di terra. Sa tutto anche di Rossella, dell'incidente avvenuto nel momento esatto in cui ci eravamo riviste per la prima volta al bar della piazza; sa del matrimonio ritardato e appena trascorso.

«Come sta adesso?» mi domanda. «Come sta Rossella?».

A sentire quel nome mi crolla addosso il peso del nostro ultimo scontro.

«Bene, credo. Spero. Non lo so».

«Capisco» dice Flavia, e forse non sa a cosa mi riferisco ma in un certo senso è come se potesse immaginarlo. «Col tempo tornerete a parlarvi».

Mi dice di avere pazienza, che ciascuno di noi ha un tempo diverso per elaborare le cose e altrettanto per riuscire a pronunciarle. La cosa migliore che noi possiamo fare è lasciare una porta socchiusa, un modo discreto per far capire agli altri che ci saremo quando ne avranno bisogno.

«Sei molto saggia» le dico. «Spero che tu abbia ragione».

«Ho imparato un po' di cose con tutto quello che ho passato» mi risponde. «E tu, Clara?» riprende.

«Che cosa?».

«Tu come stai, invece?». La sua domanda è discreta eppure mi colpisce forte. Le rispondo con quel sorriso che mi hanno insegnato a usare ogni volta che non si sa bene cosa dire, oppure non si vuole andare oltre.

«Così è qui che vivi adesso?» chiedo.

Fa un cenno con la testa, poi raccoglie il carico di verdura e mi invita a seguirla.

Attraversiamo un budello di vicoli grigi fino a un grosso portone che si apre sopra un cortile, dov'è parcheggiata una moto. Due bambini biondi giocano a campana sotto la luce di un lampione, buttano a terra pezzetti di gesso e ci vanno dietro saltando. Appena entriamo, il fresco della casa si poggia sulla pelle inatteso rispetto al caldo di fuori. Flavia si lava le mani, versa una limonata in due bicchieri e poi affondiamo entrambe sul divano.

«Ti piace?» mi dice, osservando l'appartamento nelle tre dimensioni come a guidare il mio sguardo sui dettagli importanti. «L'abbiamo costruito insieme, io e mio marito. Abbiamo vissuto fuori per diversi anni, poi abbiamo deciso di tornare. Suo nonno gli aveva lasciato un pezzo di terra poco fuori dal paese e allora abbiamo pensato di ricominciare daccapo. Coltiviamo quello che ci serve, il resto lo vendiamo. Ogni tanto faccio qualche turno al bar giù in città, ma qui abbiamo tutto quello di cui abbiamo bisogno, io posso dedicarmi alla mia arte e Riccardo non deve rinunciare alla sua musica».

Dagli angoli della casa pendono cristalli e sculture di pietra e corda, piccoli sassi dal volto dipinto sono appoggiati al davanzale della finestra a salutare il giorno che viene e che va. Sopra il camino c'è la foto di un ragazzo alto dai capelli lunghi con lo zaino in spalla in cima a una montagna da qualche parte in Asia.

«Quello è tuo marito?» le domando, e lei si mette a ridere.

«Lui è Giacomo, il mio primo figlio. Ormai ha quasi vent'anni. L'anno scorso è partito per fare il giro del mondo. È matto come suo padre».

«E Tonio?».

«Anche Tonio sta bene, è andato con lui. Ha preso un anno sabbatico al lavoro, è diventato un genio dell'informatica, vive a Francoforte da molti anni, ma è innamorato di suo nipote, per lui farebbe qualsiasi cosa».

Nella vita di Flavia non c'era stata nessuna zingara. Le storie che la riguardavano erano nate tutte dalle fantasie di una città annoiata. A quindici anni era rimasta incinta di un ragazzo con la moto e gli occhiali scuri. Quando aveva comunicato di volere quel figlio, i genitori l'avevano portata via dalla città per trasferirsi a Modena, dove il padre aveva dei contatti di lavoro. Il ragazzo con la moto l'ha seguita, voleva stare accanto al bambino, così ha aspettato che Flavia compisse diciotto anni per andare a vivere con lei. Un giorno lui ha ricevuto in eredità un piccolo campo e hanno pensato di ritornare dove tutto era cominciato. A nessuno dei due importava delle voci, né della vergogna. Quello che gli altri chiamavano scandalo era un ragazzino sveglio che assomigliava al padre e alla madre in egual misura, e come suo padre e sua madre era curioso del mondo e gentile e libero.

Osservo Flavia seduta davanti a me, bella come solo le persone serene sanno essere. Il suo equilibrio è luminoso, centrato e contagioso. Per la seconda volta nella vita mi scopro a immaginarmi come lei: una persona che sa cosa la rende felice e organizza tutta se stessa alla ricerca di quel sentimento. Butto giù velocemente l'ultimo sorso di limonata, la ringrazio e le dico che si è fatta ora di andare.

«Ho un aereo domattina presto, torno a Londra» la informo, e lei si tira indietro sul divano, come a osservarmi meglio.

«Sono contenta che tu sia riuscita a uscire dal cortile di quella scuola» commenta.

«Lo abbiamo fatto entrambe» le dico, abbracciando ancora con lo sguardo le pareti di quella stanza in cui ogni oggetto sembra animarsi appena la luce gli si posa sopra.

«Me lo sentivo, sai?» aggiunge.

«Che cosa?».

«Che non ti saresti accontentata delle risposte che ti davano gli adulti. Lo vedevo nel modo in cui sbirciavi oltre la porta della mia stanza credendo di non essere vista, sembravi Indiana Jones davanti al tempio proibito».

«Ma allora lo sapevi?».

Annuisce.

«Anche della cassetta che ti ho rubato?».

«Anche di quella. Speravo proprio che la prendessi, e poi l'hai fatto. Ci giravi intorno ogni volta che venivi a casa, avevo capito che la volevi e ti ho lasciato fare».

«Per quale motivo?».

«Era giusto così».

Flavia sorride, poi ci alziamo insieme e mi accompagna alla porta.

«Vieni qui quando vuoi, vieni a trovarmi, ci conto» mi dice sulla soglia. «Andiamo insieme a raccogliere le mele. Non aspettiamo le fragole, non far passare un anno».

Una sera aspetto al bancone dello Shacklewell Arms davanti a una pinta di Red Stripe. Ho mandato un messaggio a Tomás chiedendogli di raggiungermi.

Non si tratta di un appuntamento – gli ho scritto – *devo parlarti.*

La ragazza che spilla le birre ha appena incrociato lo sguardo di un cliente all'angolo della sala. Scommetto che non è la prima volta che lui viene a bere qui e forse lei ne è il motivo principale. Indossa un top senza maniche di morbida lana rosa che si confonde con le sue braccia pallide e burrose e lascia ampio spazio all'incavatura dei seni. Lui parla con gli amici, ha un occhio sulla partita trasmessa dai monitor alle pareti e un altro su di lei che si avvicina. Al centro della sala una tipa con i capelli verdi e un blazer troppo grande invita a ballare l'amica appena parte un pezzo anni Ottanta così brutto da sembrare bello, la fa girare, poi le dà un bacio sulle labbra e l'amica che, ora so, è la ragazza, l'abbraccia più forte, poi si allontana facendo un inchino un po' ubriaco. Mi domando da dove vengano queste persone e quali sogni le abbiano portate qui, lontano dalle loro famiglie e dai luoghi consueti nei quali sono cresciute. Se sono scappate o se invece si sono mosse verso qualcosa.

La vibrazione di un messaggio di Tomás interrompe il flusso delle mie speculazioni. Mi avvisa che arriverà con qualche minuto di ritardo, e il suo tono è freddo, o forse solo preoccupato. Lo capisco dal fatto che ha chiuso la frase con un punto e non ha aggiunto battute di sorta, come fa sempre quando vuole deviare l'attenzione da una sua mancanza.

«Torno subito» dico alla barista. «Sto aspettando qualcuno». Poi mi avvio verso il bagno per prendermi qualche minuto fuori dal caos che si sta creando all'interno del locale.

Dietro la porta tappezzata da locandine di vecchi concerti, trovo un gruppo di ragazze con i cellulari in mano che sostano davanti ai lavandini e si scambiano rossetti, si fanno complimenti a vicenda, mettono in posa i corpi seminudi fasciati da abiti leggeri. Per sbaglio finisco nei loro scatti allo specchio e quando ce ne accorgiamo mi chiedono di entrare nel gruppo, di esserci davvero. Guardando in fila i nostri volti sorridenti – le loro fronti lisce, senza solchi – mi ci vuole poco a indovinarne l'età, che è la stessa che avevo io la prima volta che ho messo piede a Londra. Hanno vent'anni e quel guizzo di uno sguardo che si proietta avanti, accelerando in una fuga. Ci presentiamo.

«Sei italiana!» esclama una di loro, riconoscendo il mio accento. Ha un caschetto argentato da lolita e un piercing al setto nasale come fatto per dispetto sul volto delicato. «Di dove?» mi chiede.

Esito un attimo, poi rispondo: «Napoli. Cioè, no. Di Caserta. Sono vicine. *Have you been?*».

Mi dice che non c'è mai stata, ma che certamente suona meglio di Sheffield, da dove è scappata per cambiare vita e dove certamente non è intenzionata a tornare.

Sorrido e le dico chissà. Scappare, tornare, sono prima di tutto parole. Lei stringe le spalle e poi segue le altre, lasciandomi sola.

Simone de Beauvoir diceva che non si può cambiare vita senza prima cambiare se stessi. Tenevo scritta questa frase su uno dei miei diari, tanti anni fa, ma solo adesso riesco a comprenderla del tutto.

Allontanarsi non è mai stata la soluzione. Lo sarebbe tuttavia tornare più spesso, mettere su una musica scema, ballare con mia madre nel salotto e prendere da lei quelle sue mosse goffe e allegre, confonderle insieme e poi buttarci sul divano, domandarle come stai mamma – come stai, come stai, come stai, come stai – ti voglio bene.

Imparare a dire: questo non mi piace, e perché.

Raccontarle chi sono davvero.

Riscrivere la storia della mia fuga e trasformarla in un racconto di consapevolezza.

Nel bagno delle donne di un locale di Londra rivedo davanti agli occhi i personaggi della mia storia e li abbraccio a uno a uno, senza eccezioni. C'è Rossella, ma anche Luca, e poi Leonora, e Agata e le altre. Non è mai troppo tardi per smettere di provare rancore e finalmente farsi la domanda giusta.

Siamo già tutto quello che ci rende felici?

Che cosa mi rende felice?

Quando Tomás mi raggiunge ha addosso ancora il respiro della corsa. Gli ordino una birra, lo faccio sedere.

«Mentre eri a lavoro ho portato via le ultime cose che tenevo da te» dico a voce ferma.

I suoi occhi che si fanno grandi, giganti, interrogativi.

«E la mia vecchia stanza, a casa di Anya. Ho lasciato anche quella».

Lui continua a guardarmi scosso, mi chiede se questo non sia una specie di addio anche per noi.

La verità è che non posso saperlo.

Gli racconto che ho trovato una casa piccola ma non troppo accanto al canale. Una casa luminosa con le pareti azzurre di cielo, e anche se non ha il letto, non c'è ancora un armadio e non c'è un tavolo su cui mangiare, conserva uno spazio soltanto per me. È una scrivania minuta accanto a una finestra da cui guardare la pioggia quando cade senza sentirsi tristi o intrappolati o persi. Sul ripiano di legno levigato c'è lo schermo del mio computer acceso su una pagina bianca e il cursore che scompare e riappare in attesa che io ritorni per scrivere la prima parola di una storia nuova.

Dopo tutto questo tempo, ho finalmente deciso di fare domanda per quella borsa di studio di cui avevo sempre parlato. Insieme ai soliti documenti, mi hanno chiesto di allegare anche un racconto. Dicono che sia sempre difficile cominciare, ma credo di sapere da dove partirò. È la storia di una città di plastica, con alberi e fiori di plastica e, a guardar bene, di plastica sono anche le persone. In questa città ciascuno segue perfettamente la propria parte restando fedele al proprio ruolo e al proprio posto.

Un giorno, al tramonto, con la luce del sole inclinata in un modo diverso, qualcuno si accorge che sotto la terra sintetica sta spuntando il bocciolo di un fiore, un fiore vero. È una creatura semplice e fragilissima, e per questo meravigliosa. Contro ogni protocollo si decide di non reciderlo. Non si sa quanto crescerà o di quale colore saranno i suoi petali e per scoprirlo lo lasceranno fiorire.

«Vado domani, e tu puoi venire con me» annuncio a Tomás. Gli prendo la mano e glielo dico. «Ma solo se stare insieme è quello che vuoi veramente. Abbiamo lasciato passare troppo tempo senza chiederci che cosa vogliamo».

La notte di Londra che viaggia sempre veloce e non ti aspetta si blocca un attimo su di noi, le mani fredde per le birre fredde che ci portiamo alle labbra. Prendiamo un sorso ciascuno.

C'è un mondo in cui Tomás mi sorride e mi dice che si può fare: in questo mondo torniamo a casa e ci baciamo moltissimo, facciamo insieme le valigie, riponiamo con cura i suoi vestiti e la cornice con la cartolina di quel paesaggio argentino a cui sempre pensa di tornare, gli assegneremo uno spazio nuovo e forse un giorno ci andremo veramente, chiamando per nome ogni pianta lacustre e ogni cespuglio lungo la strada.

In un altro mondo Tomás dice di no, che il suo posto è nella camera scura color del bosco, da solo, come si è sempre immaginato fin dall'inizio. Mi abbraccerà un'ultima volta e dopo ciascuno proseguirà per la sua strada. Io piangerò un po' al bancone e la barista tufferà un penny nella mia birra per farmi buttare giù il boccale tutto d'un fiato, come fanno sempre quando devono chiudere il locale, ma con dolcezza e senza troppa tragedia.

Guardo negli occhi Tomás e qualunque sia la sua risposta, gli dico, non importa, mi troverà pronta.

In un mondo o nell'altro adesso so che starò bene.

Ma una volta almeno si deve raccontare tutto di sé,
se sei fortunata di trovare qualcuno di cui fidarti.
Nessuno può mantenere il silenzio su se stesso
per tutta la vita, pena la pazzia.
Goliarda Sapienza, *Appuntamento a Positano*

RINGRAZIAMENTI

Ragazze perbene esiste da molto prima che iniziassi a scriverlo. Per questo motivo voglio ringraziare i miei genitori, Rosaria e Luigi, perché mi hanno sempre incoraggiato a immaginare. A voi devo tutto.

Qui di seguito, in ordine sparso, altre persone senza le quali questa storia sarebbe stata diversa o, in molti casi, non sarebbe stata affatto:

Phil, il mio compagno, perché con il suo amore gentile e totale mi ha fatto sentire al sicuro.

Mario Desiati, perché ha visto quello che volevo dire davvero e mi ha spinto a farlo senza paura.

Alessandro Raveggi, perché mi ha dato il la.

Maria Cristina Guerra, la mia agente, che ha aspettato, aspettato, aspettato con fiducia credendoci tantissimo.

Eugenia Dubini, Serena Daniele, Serena Cabibbo, Marianna Gennari di NNE: grazie, grazie, grazie. Non ho mai visto esistere tanta competenza insieme a tanto cuore.

I miei amici di Volume – Gruppo di lettura, e cioè Pasquale Palmieri, Vincenzo Casapulla, Fausto Greco, Spartaco

Capozzi, Roberta Alessandrini, Roberta Cesari e tutti gli altri. Scrivo anche perché amo il modo in cui voi leggete i libri.

Viola Di Grado, perché un giorno passeggiavamo a Larkhall Park e mi ha raccontato che James Cameron, quando girava *Titanic*, aveva riempito gli armadi di scena con vestiti d'epoca, anche se non li avrebbero mai inquadrati. Questo aneddoto resta uno dei migliori consigli di scrittura che io abbia mai ricevuto.

Luca Starita, per la vicinanza.

Claudia Cuomo e Roberta Adelini, per i racconti sul mondo delle modelle di abiti da sposa in Campania.

Giorgia Bernardini, Elena Marinelli e Tiziana Scalabrin, che mi hanno aiutato a realizzare il sogno di entrare in una girl band, anche se non facciamo musica.

Ninni, Marina e Marzia: perché con voi l'adolescenza è stato un viaggio bello.

Elena Fortunati e Andrea Pergola, insieme a *Dude Magazine* tutto: siete stati il miglior romanzo di formazione che potessi sognare.

Giulia Cavallini, per avermi chiesto, qualche anno fa, che cosa mi rendesse felice.

INDICE

le Fuggitive

***le Fuggitive** è una serie NNE che propone storie di donne in fuga, alla ricerca di libertà e di una rifondazione della propria esistenza. Le fuggitive non si sentono mai aderenti ai canoni del femminile e, in una costante peregrinazione senza meta, accettano il rischio di abitare lo spazio senza tempo del desiderio e dell'amore.* Ragazze perbene *è il terzo libro della serie.*

Megan Nolan, *Atti di sottomissione*
traduzione di Tiziana Lo Porto | pp. 288 | euro 19,00

Quando lei, giovanissima, incontra a Dublino lui, Ciaran, bello e risoluto, nasce una relazione che per la protagonista è un alternarsi di estasi e sofferenza, di gelosia sfrenata e un piacere così intenso da creare dipendenza: lei vuole annullarsi nel corpo di Ciaran. Mentre lui, uomo emotivamente incapace, non trattiene i propri comportamenti crudeli. Megan Nolan racconta una storia di anti-amore, interrogandosi su cosa significa vivere in funzione del desiderio altrui, e attraverso un potente monologo interiore parla con voce sincera rovesciando certezze, moralismi e paradigmi.

Lacy M. Johnson, *Il corpo ricorda*
traduzione di Isabella Zani | pp. 208 | euro 18,00

È la notte del 5 luglio 2000 quando Lacy M. Johnson fugge dal seminterrato in cui l'ex fidanzato l'aveva rinchiusa per ucciderla. Alla polizia Lacy racconta cos'è successo, e le sue parole diventano un peso insostenibile, ma anche un antidoto per elaborare il trauma. La ricerca di una giustizia interiore si confronta con la tenace memoria del corpo e, avanti e indietro nel tempo, Lacy intreccia al suo racconto i report della polizia, le valutazioni degli psicologi, gli incubi ricorrenti, nel tentativo di guarire e perdonarsi. Una testimonianza illuminante, dolorosa e intimamente poetica.

FINITO DI STAMPARE NEL MESE DI MARZO 2023
PRESSO CONSORZIO ARTIGIANO LVG (AZZATE)

Printed in Italy

Prima edizione: gennaio 2023
Seconda ristampa: marzo 2023